호러의 모든 것

일러두기

1. 본문에 언급된 단행본은 겹낫표(『』)를, 단편·시편에는 홑낫표(「」)를, 영화·드라마 등 TV 시리즈·노래 제목에는 홑화살괄호(〈〉)를, 잡지·만화 제목에는 겹화살괄호(《》)를 사용했습니다.

2. 일부 인명과 지명은 독자들에게 낯익은 발음으로 표기했습니다.

3. 언급된 작품은 국내에 발표된 제목을 기준으로 표기했습니다.

4. 각 에피소드에는 케이스 분석과 생존 수칙을 수록해 두었으니, 공포로부터 도망쳐 안전하게 호러를 즐기시길 바랍니다.

고딕 호러, 잔혹 동화, 오컬트, 슬래셔까지

호러의 모든 것

김봉석 지음

이상하고 오싹한 이야기에 숨겨진
진짜 호러를 만나다

상상출판

Prologue
호러는 무섭다

어릴 때 살던 동네에 종암극장이라는 재개봉관이 있었다. 지금은 멀티플렉스와 예술 영화를 주로 상영하는 미니 시어터가 있지만, 20세기에는 개봉관과 재개봉관으로 나뉘었다. 신작은 종로와 충무로에 몰려 있는 개봉관 한 곳에서 짧게는 한 달, 길게는 몇 개월 상영하고 난 뒤 변두리의 재개봉관에서 이어 상영했다. 동네에 있는 재개봉관까지 오는 필름은 대부분 낡아 있었기에, 화면에서 비가 내리거나 심하게는 일부 장면이 끊기고 사라지기도 했다. 재개봉관은 대부분 두 편을 동시 상영했다. 한 편은 누구나 좋아할 만한 할리우드 대작이나 홍콩 영화였고, 다른 하나는 소수의 열광적인 팬이 있는 호러와 에로, 모험물들이었다. 초등학교에 들어가기 전부터 부모님과 함께 종암극장에 갔다. 〈벤허〉나 〈007〉 시리즈 등 할리우드 대작들을 함께 봤다.

그리고 기억나는 영화들은, 호러다. 제목도 잘 기억나지 않는다. 한밤중 덩그러니 있던 무덤이 갑자기 열리더니 붉은 조명을 비춘 귀신이 올라오고, 시골집 부엌 찬장을 열면 누군가의 팔뚝 하나가 뚝 떨어지고, 다리 하나가 없는 귀신이 껑충껑충 뛰면서 겁에 질린 아낙네를 쫓아온다. 영국 해머 영화사의 뱀파이어 영화들도 있었다.

무서웠다. 집에서 TV로 〈전설의 고향〉을 볼 때도 무서웠지만, 극장에서 호러를 보는 일은 더 무서웠다. 아무리 관객이 꽉 차도 주변은 캄캄했고, 거대한 스크린과 커다란 음향으로 보는 괴이한 영상은 섬뜩하고 짜릿했다. 너무 무서워서 도저히 견디기 힘들면, 자리에서 일어나 상영관을 나와 잠시 극장 로비에서 쉬었다. 그 시절 극장은 대부분 넓은 로비를 갖췄고, 종암극장에는 작은 연못과 분수대도 있었다. 분수대 앞에 앉아 놀란 마음을 달래고, 차분해지면 다시 슬쩍 상영관으로 들어갔다. 무섭지만 다음에 벌어질 일들이 너무나 궁금했다.

그것이 공포를 기대하는 사람의 심정이다. 호러 영화를 보면 자주 마주치는 장면이 있다. 저 문을 열면 틀림없이 무언가가 나온다. 그걸 나도 알고, 모든 관객이 알고, 아마 영화 속

인물도 알 텐데, 기어이 그는 문을 열고 만다. 그리고 괴물에게 공격당하거나, 귀신이 나와 소스라치게 놀라거나, 엄청난 저주에 휩싸이게 된다. 제발 하지 말라고 마음속으로 외친다. 문을 여는 순간, 모든 상황이 최악으로 변할 것이라고 경고하지만 금단의 문은 언제나 열리고 호러의 세계가 걷잡을 수 없이 펼쳐진다. 그렇지만 나도 비슷한 상황이라면 반드시 문을 열어볼 것이다. 심야, 혼자 방에서 일을 하거나 넷플릭스를 보고 있다. 갑자기 오싹해지면서, 창밖이나 문 뒤에서 뭔가 소리가 들리는 것 같다. 부스럭부스럭 또는 탁탁탁 하는 소리. 일을 멈추고, 넷플릭스 소리를 줄이고 가만히 들어본다. 아무 소리도 나지 않는다. 그런데 뭔가 찜찜하다.

그럴 때 제일 좋은 방법은 가서 확인해 보는 것이다. 문을 열어보고, 창문 바깥을 살펴본다. 아무것도 없음을 확인하면 마음이 놓인다. 무서워서 모른 척 다시 일을 하고, 넷플릭스를 보고 있으면 찜찜하고 자꾸 신경이 쓰인다. 그러니 확인해야만 한다. 호러의 세계는 사실 무섭다. 하지만 궁금하다. 그걸 들여다보면 더 무서울 것 같은데, 진짜인지 아닌지 확인해야만 덜 무서울 것 같다. 그래서 자꾸 들여다보게 된다.

어린 시절에는 대부분 무서운 이야기를 좋아한다. 괴담만이 아니다. 잘 생각해 보면 아이들이 보는 동화에도 무서운 이야기가 많고, 판타지에는 늘 어둠의 존재가 숨어 있다. 아이들은 이상하고 신기한 이야기에 끌린다. 어른이 되면 과학적이지 않거나 황당하다고 여겨지는 이야기들을 외면하는 경우가 많다. 그럼에도 나는, 우리는 여전히 세상의 비논리적인 이야기에 혹한다. 무당이나 짐술사에게 가서 결혼과 개업식 날짜를 정하고, 길흉을 따지면서 할 일을 선택한다. 신도 있고, 귀신도 있고, 마귀와 악마도 존재한다면 세상은 이미 무서운 것들로 가득하다고 봐야 하지 않을까? 어릴 때부터 보고 들었던 수많은 작품에도 호러의 요소는 늘 존재했다. 상식을 뛰어넘고, 논리로 설명할 수 없는 무언가를 끊임없이 들여다보고, 닫힌 문을 열고 들어가 보기를 원한다. 호러의 세계는 체험하기 전까지는 절대로 알 수 없으니까. 코스믹 호러의 대가인 H.P. 러브크래프트는 '공포는 인간의 가장 원초적인 감정'이라고 말했다. 공포가 없으면, 알 수 없는 무언가를 이해할 필요도, 맞서 싸울 필요도 없다. 공포는 지금의 인간 문명을 만들어 낸 가장 중요한 시작점이기도 하다. 또한 공포에만 사로잡힌다면 모든 것을 파괴할 스위치가 되기도 하고.

    내가 알아야 할 모든 '호러'는 어린 시절에서 시작한다. 그 시절에 보았던 모든 것에 호러의 근원이 도사리고 있었다. 호러의 고전과 시원을 찾아본다.

Contents

Prologue 호러는 무섭다 ····· 004

1장 | 유년의 기억 속 최초의 호러

S#1. 동화는 무섭고 소름 끼치는 현실 ····· 014
아이들에게 들려주는 잔인하고 섬뜩한 이야기

S#2. 우리는 모두 가면을 쓰고 살아간다 ····· 025
세계의 경계에서 살아가는 존재들

S#3. 세상이 외면하는 것들의 아름다움 ····· 034
어둠 속에서 빛나는 광기와 열정

S#4. 인간의 몰락 그리고 어둠 ····· 052
현실과 환상을 넘나드는 인간의 심연

S#5. 유년의 트라우마와 파멸하는 마을 ····· 063
미국의 신화 그리고 악몽

S#6. 이성으로 넘나드는 비현실 ····· 077
요괴보다 무서운 인간

2장 | 악마와 유령, 부재하는 존재들

S#1. **악마는 사라지지 않는다** ················ 092
지옥의 악마와 사탄들

S#2. **그곳에 무언가 있다** ···················· 110
공간, 장소에 머무르는 존재들

S#3. **애증의 원혼들** ························· 123
한 맺힌 유령과 빙의된 인간들

S#4. **저 너머에 지옥이 있다** ················· 134
우주는 인간의 상념이 만든 천국? 지옥?

S#5. **지구 밖의 존재들** ······················ 146
외계인은 살아 있다

3장 | 요괴와 좀비, 다른 존재들
Weird, Grotesque

S#1. **어두워지면 그들이 찾아온다** ·············· 160
　　어둠 속의 존재, 이형의 존재들

S#2. **인간과 괴물 사이 어딘가** ················ 174
　　바디 호러

S#3. **당신의 이웃은 살인마** ·················· 193
　　연쇄 살인마의 공포

S#4. **죽은 자가 돌아왔다** ···················· 213
　　좀비와 언데드

S#5. **웃기지만 섬뜩한 광대** ·················· 233
　　언제나 가면을 쓰고 있다

4장 | 친구의 친구가 경험한 무서운 이야기

S#1. 괴담이 흘러넘치는 도시 ····················· 246
어딘가에서 누군가 겪은 무서운 이야기

S#2. 입에서 입으로 전해지는 괴담 ············· 270
현실의 이면, 실화 괴담

S#3. 일본의 실화 괴담이 더 무섭다 ············ 283
괴담을 사랑한 일본의 무서운 이야기

S#4. 괴담과 공포 소설 ···························· 308
괴담의 새로운 형식, 모큐멘터리형 소설

S#5. 한국의 도시 괴담 ···························· 321
현실의 공포에서 확장되는 괴담

부록 **호러 캐릭터 열전** ····························· 346
Epilogue **언제나 밤은 내려온다** ················· 362

유년의 기억 속

최초의 호러

동화는 무섭고 소름 끼치는 현실

아이들에게 들려주는 잔인하고 섬뜩한 이야기

S#1.

Story of Red Hood

옛날 옛날에, 숲 근처에 사는 어린 소녀가 있었다. 늘 빨간색 망토를 입고 다니는 그녀를 사람들은 '빨간 망토 아가씨'라고 불렀다. 어느 날, 아픈 할머니의 집으로 가던 소녀는 숲속에서 늑대를 만난다. 할머니가 아파서 과자와 버터를 가져다준다는 빨간 망토의 말에 늑대는 꽃이 가득 핀 아름다운 길이 있다고 알려준다. 소녀는 늑대의 말에 속아 먼

길을 돌아가고, 늑대는 지름길로 먼저 가서 냉큼 할머니를 잡아먹는다.

할머니의 옷을 입고 침대에 누운 늑대. 집에 도착한 소녀는 늑대를 보고 수상한 낌새를 알아챈다.

"할머니, 귀가 왜 이렇게 커졌어요?"

「빨간 망토」

"네 말을 잘 들으려고."

"눈은 왜 그렇게 커요?"

"너를 더 잘 보려고."

"입은 왜 이렇게 커요?"

"그건…… 너를 잡아먹으려고."

늑대는 한입에 꿀꺽, 빨간 모자를 삼켜버렸다. 배가 불러진 늑대는 식곤증으로 바로 잠들었다.

마침 할머니의 집을 지나치던 나무꾼은 이상한 소리를 듣는다. 집으로 들어온 나무꾼은 침대에서 코를 골며 잠든 늑대를 발견한다. 너무나 크게 부푼 늑대의 배를 보고, 나무꾼은 그 안에 할머니가 있을 것이라고 짐작하고 도끼로 늑대의 배를 갈랐다. 빨간 모자와 할머니는 무사히 늑대의 배에서 빠져나왔고, 돌멩이들을 가져와 늑대의 뱃속에 집어넣었다. 잠에서 깬 늑대가 도망치려 하자 우물로 밀어 넣었고, 배가 돌멩이로 가득 찬 늑대는 그대로 가라앉아 죽었다.

Case 1.
악인에게 내리는 끔찍한 형벌

동화는 착한 사람들이 갖은 고생을 하지만, 결국 악인이 벌을 받는 권선징악으로 끝나곤 한다. 주로 아이들을 위한 이야기다 보니까 일찌감치 선악에 대한 가치관을 심어주고자 한 노력이다. 그런데 과거에 만들어진 동화가 많아서인지 지금 읽어보면 의외로 잔인한 경우가 많다.

근대 이전까지 폭력에 대한 생각이 많이 달랐기 때문이다. 그때까지는 악인을 처형하거나, 적에게 형벌을 내릴 때 그 방식이 상상 이상으로 잔인했다.

스코틀랜드의 독립 영웅 윌리엄 월레스의 일대기를 그

린 영화 〈브레이브하트Braveheart〉(1995) 마지막 장면은 월레스가 잉글랜드에 체포되어 수많은 대중 앞에서 고문받고 처형당하는 모습이다. 아이들도 있는 거리에서 산 채로 배를 갈라 내장을 빼내고, 목을 잘라 죽인다. 지금 같으면 상상도 할 수 없는 공개 처형이다.

　동화에서도 악인이 받는 형벌은 대체로 끔찍했다. 『장화홍련전』에서 계모가 받은 능지凌遲는 원래 산 채로 살을 회

〈브레이브하트〉(1995)

뜨는 형벌이다. 오랜 시간 고통을 주면서 죽이기 위해 고안된 것이었다. 하지만 그만큼 고난도의 기술이 필요했기 때문에 칼로 수십, 수백 차례 난도질하여 죽이는 것 또한 '능지'라고 했다. 한국에서는 능지처참凌遲處斬이라고 불렀다.

『콩쥐와 팥쥐』에서 팥쥐가 받은 형벌은 거열형車裂刑과 해형醢刑이다. 거열형은 사지를 각각 수레에 매달아 찢는 형벌이고, 해형은 시신을 젓갈로 담그는 형벌이다. 이렇게 만들어진 젓갈은 주로 죄인의 가족에게 먹게 했다. 거열형을 당한 후, 팥쥐의 시신은 젓갈로 담가져 계모에게 보내 먹였다고 한다. 이처럼 한국인이라면 누구나 알고 있는 동화의 원전과 이본에는 잔인한 설정과 묘사가 꽤 있다.

Case 2.
알고 보면 무섭고 잔인한 동화

한국만이 아니다. 서구 동화의 정석이라고 할 수 있는 『그림 동화』는 독일의 그림 형제가 각지에서 전해지는 이야기를 모아 재창작한 것으로, 여기도 잔혹하고 어두운 이야기가 많다. 그림 형제 원작 「백설 공주」에서 계모 왕비는 불에 달궈진 쇠로 만들어진 신발을 신고 죽을 때까지 춤추는 벌을 받는다. 「신데렐라」에서 왕자가 유리 구두의 주인을 찾는다는 것을 안 이복언니들은 어머니의 강요로 발가락과 뒤꿈치를 잘라 작은 유리 구두에 발을 맞추려 힌다. 히지만 구두 밖으로 피가 흘러나와 가짜라는 것이 들통나고, 결국 언니들은 비둘기에게 쪼여 눈이 멀게 된다.

「헨젤과 그레텔」은 너무 가난한 부부가 아이들을 키우기 힘들어서 숲에 내다 버리는 내용으로 시작한다. 숲을 헤매던 헨젤과 그레텔은 과자로 된 집을 발견하고 들어가는데, 그곳은 사실 마녀의 집이었다. 마녀는 헨젤과 그레텔을 살찌워 잡아먹으려 한다. 마녀의 속셈을 알아챈 헨젤과 그레텔은 오히려 속임수를 써서 마녀를 화로에 밀어 넣어 죽인다. 초판본에는 남매를 숲에 버린 이가 계모가 아니라 진짜 엄마였다. 근대 이전의 유럽 농촌이 얼마나 살기 척박한 환경인지 잘 보여주는 설정이다. 아이를 팔고, 돈벌이 수단으로 쓰는 것에도 익숙했다. 「백설 공주」의 일곱 난쟁이 역시, 어릴 때 탄광에 팔려 가서 일하던 아이들이라는 해석도 있다.

샤를 페로(1628~1703)

「라푼젤」은 성에 감금된 여성의 이야기다. 한 부부가 이웃집 마녀의 정원에 자라던 '라푼젤'이라는 식물을 훔쳐 먹는다. 사실을 알게 된 마녀는 부부를 협박하고, 태어날 부부의 아이를 받기로 했다. 마녀는 그렇게 얻은 아이를 라푼젤로 이름짓고 높은 탑 위로 데려가 감금했다. 한 번도 자르지 않은 라푼젤의 머리카락은 아름답고 길게 자라난다. 어느 날, 왕자가 탑 아래를 지나다가 창가의 라푼젤을 보고 사랑에 빠진다. 왕자는 마녀처럼, 라푼젤의 긴 머리를 타고 올라가 사랑을 나눈다. 그 사실을 알게 된 마녀는 왕자의 눈을 멀게 만들고, 라푼젤을 쫓아내며 이야기는 끝이 난다.

샤를 페로의 동화 「푸른 수염」은 우리 시대에도 걸맞은 잔혹한 범죄 소설의 느낌을 준다. '푸른 수염'이라는 별명을 가진 귀족은 겉보기엔 완벽한 남성이다. 결혼할 때마다 아내가 실종되는 사건이 계속해서 발생한다는 것 말고는.

딸 많은 집안에 청혼한 푸른 수염은 그 집의 막내딸과 결혼한다. 푸른 수염은 성안의 모든 문을 열 수 있는 열쇠를 주면서, 전부 열어봐도 되지만 지하실 구석의 단 한 곳만은 열지 말라고 한다. 그녀는 명령에 충실히 따랐다. 하지만 푸른 수염이 성을 비운 동안 놀러 온 언니의 말에 혹하여 금기의 문을 열게 된다. 문을 열고 들어간 방 안에는 그동안 푸른 수염과 결혼했다가 실종된 여자들의 시체가 있었다. 그동안 푸른 수염은 자기 아내들을 죽이고, 은폐한 것이다. 겉으로는 완벽한 남자로 보이는 캐릭터가 실은 연쇄살인마이거나 사탄 숭배자였다는 클리셰는 호러물에 자주 등장한다. 당대의 동양과 서양의 동화는 현실을 꽤 정확하게 반영하고 있다. 당시에는 동화가 아이들을 위한 장르라는 개념이 약해서 잔인하고 섬뜩한 설정과 묘사가 많았지만, 이후 동화의 주요 독자가 아동으로 바뀌면서 순화된 버전으로 전해져 온다. '잔혹 동화'라는 이름으로 동화의 원본 설정과 묘사를 그대로 살리거나 더욱 업그레이드한 버전이 가끔 나오기도 한다. 영화나 드라마로도 각색된 전래 동화나, 새롭게 창작되는 어두운 동화를 즐기는 사람은 어른 중에도 많다.

× CUT ×

늑대를
피하는 법

「빨간 망토」는 지금까지도 영화나 드라마로 많이 만들어지고 있다. 워낙 다양하게 해석할 수 있는 요소가 많기 때문인데, 원래 프랑스에서 구전으로 내려오는 이야기에는 더 잔혹하고 기괴한 에피소드가 담겨 있었다.

늑대가 할머니를 통째로 삼켜버리지 않고, 물어

죽인 후에 그 시신을 요리하여 빨간 망토에게 먹이는 장면이다. 할머니의 피를 포도주로, 살은 다른 고기로 속인 것이다. 식사를 마치고 잠자리에 들며, 늑대는 소녀에게 옷을 모두 벗고 옆 침대에 누우라고 한다. 옷을 태워버리라고 하자, 소녀는 옷을 태우고 침대로 들어간다. 중세 이전까지 종종 있었던 식인-카니발리즘에 대한 묘사가 나오며, 어린 소녀에 대한 늑대-성인 남자의 성적 위협을 암시하는 선정적이고 폭력적인 장면이다.

동화가 처음 나왔을 때는 나무꾼의 존재가 없었다. 빨간 망토는 늑대에게 감쪽같이 속았고, 할머니에 이어 자신도 죽임을 당하는 결말이다. 「빨간 망토」 이야기는 젊은 여성에게 가해지는 신체적 위협과 폭력, 범죄에 대한 경고로도 볼 수 있다. 빨간 망토가 늑대를 속이고 도망쳐 나무꾼에게 도움을 요청하여 늑대를 잡는 버전도 있다. 지금도 여성 대상 범죄가 많이 벌어지기에 「빨간 망토」를 다양하게 변주한 작품들도 만들어지고 있다.

닐 조던의 <늑대의 혈족 The Company of Wolves>

(1984)은 늑대와 빨간 망토를 성과 욕망의 상징으로 그리는 기묘한 영화이고, <레드 라이딩 후드Red Riding Hood>(2011)는 중세 마을을 배경으로 '늑대 인간'을 추적하는 스릴러다. 리즈 위더스푼 주연의 <프리웨이Freeway>(1996)는 범죄에 대항하여 자신을 지키며 성장하는 젊은 여성을 그린 영화다. 뮤지컬 원작의 <숲속으로Into the Woods>(2014)는 동화 캐릭터인 빨간 망토, 라푼젤, 신데렐라 등이 등장하는 다크 판타지다. '빨간 망토'는 지금도 다양하게 각색되어 재창조되는 흥미로운 캐릭터다.

우리는 모두 가면을 쓰고 살아간다

세계의 경계에서 살아가는 존재들

S#2.

Story of Jack Skeleton

핼러윈 마을의 잭 스켈레톤은 매년 열리는 핼러윈 축제를 이끄는 스타다. 똑같은 일상에 공허함을 느끼던 잭은 숲속을 방황하다 우연히 크리스마스 마을로 가게 된다. 모든 사람이 들뜨고, 열광하며, 즐거워하는 '크리스마스'에 반한 잭은 핼러윈 마을로 돌아와 선언한다. 이번에는 우리가 핼러윈이 아닌 크리스마스를 만들자!

<팀 버튼의 크리스마스 악몽>(1993)

 핼러윈 마을 사람들은 아이들에게 줄 크리스마스 선물을 만들기 시작한다. 잭은 산타클로스를 핼러윈 마을로 납치했다. 유령 순록과 유령 개가 이끄는 마차까지 모든 것

이 준비되었다. 그리고 크리스마스. 잭은 산타클로스 대신 세상의 모든 아이들에게 선물을 전달하기 시작한다. 하지만 잭의 선물을 받은 아이들은 비명을 지르거나 울음을 터뜨리고, 도망친다. 선물은 핼러윈 마을 사람들이 좋아하는 뱀이나 거미, 기괴한 모양의 인형, 위협적인 상난감이있다. 부모들은 마을에 도둑이, 괴물이 나타났다며 경찰에 신고한다.

즐거움에 희희낙락하던 잭은, 지상에서 쏘아올린 대포를 맞으며 곤경에 처한다. 겨우 목숨을 구했지만 추락해 버린 잭. 그는 이해할 수 없다. 자신은 산타클로스 대신에 선물을 주는 착한 일을 했을 뿐인데 어째서 산타클로스는 찬사를 받고, 자신은 비난과 포탄을 맞아야 하는 것일까. 결국 잭은 깨닫게 된다. 자신의 운명은 핼러윈을 만드는 일이라는 사실을. 깜짝 놀래키고 으스스한 기분을 느끼게 하여, 핼러윈 축제에 참가하는 이들을 즐겁게 해야 한다.

세상은 똑같지 않다. 모두가 동일한 기분을 가질 수는 없다. 사회적 가면을 벗어버리고 본래의 얼굴을 드러내는 축제를 열 듯, 잭은 기괴하고 어두운 꿈의 세계를 열어야 한다. 그것이야말로 자신의 길이라는 것을, 잭은 알게 된다.

Case 1.
어른의 동화, 팀 버튼

어른의 동화를 떠올리면, 제일 먼저 팀 버튼의 초기 영화들이 생각난다. 〈프랑켄위니FrankenWeenie〉(2012), 〈비틀쥬스Beetlejuice〉(1988), 〈가위손Edward Scissorhands〉(1990), 〈배트맨〉(1989)과 〈배트맨2〉(1992), 〈팀 버튼의 크리스마스 악몽Tim Burton's The Nightmare Before Christmas〉(1993) 등 팀 버튼의 초기작들은 우울하고, 괴이하고 때로 참혹하다. 동시에 슬프면서도 유쾌하고, 결국은 아름답다.

사고로 죽고 난 뒤 유령이 되어서도 살던 집을 떠날 수 없는 젊은 부부의 고난을 그린 〈비틀쥬스〉의 세계는 호러 장르의 공식을 전부 갖추고 있지만 즐겁고 경쾌하다. 슬프지만, 희망이 있다.

디즈니에서 애니메이터로 일하던 팀 버튼은 디즈니 특유의 밝고 귀엽고 화사한 캐릭터를 그리는 게 너무 힘들었다고 한다. 팀 버튼은 단편 영화를 만들기로 했다. 해야만 하는 일, 내키지 않는 일을 종일 하고 난 후 자신이 좋아하

<가위손>(1990) & <빈센트>(1982)

는 그림체와 이야기로 단편 영화를 만든 것이다. 어린 시절 집에 틀어박혀 <프랑켄슈타인>과 <드라큘라> 등 할리우드 고전 공포 영화를 즐겨 보던 팀 버튼의 영웅은 <어셔가의 몰락>(1960)과 <플라이>(1958) 등에 출연한 공포 영화의 단골 주연 배우 빈센트 프라이스였다. 팀 버튼의 단편 <빈센트Vincent>(1982)는 빈센트 프라이스에 열광한 소년의 일상을 그린 애니메이션이다.

자신을 투영한 <빈센트> 속 소년은 에드거 앨런 포의 소설을 좋아하고, 사랑하는 강아지 애버크롬비를 좀비견으로 만들어 런던의 안개 속을 함께 떠돌아다니고, 참견쟁이 아줌마를 밀랍 인형으로 만들어 왁스 뮤지엄에 보내려 한다. 현실의 이면에서 우울한 꿈을 꾸던 빈센트는 집에 갇혀 서서히 죽어가는 기분이다. 엄마는 빈센트에게 '화사한 햇빛 아래 뛰어놀아야 한다', '너는 자유롭게 무엇이든 할 수 있다'고 말한다. 그러나 진짜 현실은 무엇일까.

Case 2.
어둡고 우울한 다크 판타지

팀 버튼은 〈프랑켄슈타인〉의 괴물에게서 어린 시절 자신이 느끼던 세상과의 불화를 보았다. 그는 사람들과 대화하고 교류하는 일이 낯설고 서툴었다. 먼저 말을 걸기 두려웠고, 사람들과 대화를 해도 다른 이가 자신을 이해하지 못한다고 생각했다. 팀 버튼은 늘 자신이 프릭스Freaks라고 생각했다. 팀 버튼의 영화에서 프릭스는 늘 중심에 있다.

〈가위손〉의 에드워드나 〈크리스마스의 악몽〉의 잭처럼

창조적인 역할을 하는 프릭스도 있고, 비틀쥬스나 조커처럼 파괴적인 캐릭터도 있다. 그 둘 사이, 중간에 놓인 캣우먼 같은 프릭스도 있고. 팀 버튼 동화의 모든 주인공은 사회의 주변부 혹은 경계에 놓인 '프릭스'다.

팀 버튼이 그리는 세계는 나그 판타지다. 세상의 어두운 면을 강조하고 과장하여 만들어 낸 새로운 세계. 논리적이고 합리적인 세계가 아니라 비현실적이며 초자연적인 현상들이 공존하는 시공간. 그곳에서 프릭스들은 자신만의 법칙으로 살아간다. 가끔 인간의 세계와 겹치기도 하지만, 기본적으로 그곳은 다른 존재들이 살아가는 이차원異次元의 세계이다.

우리가 의도치 않게 그들의 세계로 넘어간다면 끔찍한 공포를 경험할 수도 있다. 결코 이해할 수 없는, 정체가 무엇인지조차 모르는 존재들이 지배하는 세상이니까. 반대로 그들이 우리의 세계로 넘어왔을 때 역시, 그들을 만난 인간은 두려움에 떨게 된다. 이차원의 존재, 다른 세계의 존재는 미묘한 두려움을 안겨준다.

× CUT ×

지박령 퇴치 혹은 공존

팀 버튼의 <비틀쥬스Beetlejuice>(1988)에는 지박령 부부가 나온다. 한적한 마을에서 평화롭게 살던 바바라와 아담 메이틀랜드 부부는 교통사고로 사망한다. 아쉬움 때문에 저승으로 떠나지 못한 그들은 마음의 안식처인 집에 남는다. 그러나 인간들이 유령의 안식을 고려할 이유가 없다. 이내 집을 구입한 디츠 가족이 이사를 온다. 평화를 잃어버린 메이틀랜드 부부는 자신들의 존재를 알려 디츠 가족을 쫓아내고자 했다.

하지만 메이틀랜드 부부가 아무리 이상한 짓을 해도, 디츠 가족은 겁을 내지 않았다. 결국 메이틀랜드 부부는 혼란과 소동을 일으키는 '비틀쥬스'에게 도움을 요청한다. 하지만 제멋대로인 비틀쥬스 때문에 메이틀랜드 부부는 오히려 비틀쥬스를 퇴치해야만 하는 상황에 처하게 되었다. 디츠 가족의 딸인 리디아는 염세적인 성격으로 유령을 겁내지 않고, 메이틀랜드 부부와 친해진다. 그들은 힘을 합쳐 비틀쥬스를 지옥으로 돌려보낸다.

리디아에게 메이틀랜드 부부는 그저 죽은 자일 뿐이다. 유령보다는 사악한 마음을 가진 인간이나 포악한 괴물이 더 무섭고, 위협적이다. 지박령이라고 해도 위해를 끼치지 않는다면 인간과 공존할 수 있다. 같은 공간에 있지만 차원이 다르고, 때로는 서로의 존재조차 느끼지 못한다. 리디아처럼 생과 사를 동등하게 바라보고 있다면 공존이 가능하다.

세상이 외면하는 것들의 아름다움

어둠 속에서 빛나는 광기와 열정

S#3.

Story of Dracula

영국의 변호사 조나단 하커는 트란실바니아 외딴 지역에 사는 드라큘라 백작의 성을 방문한다. 런던에 부동산을 구입하기 위한 법률 자문 때문이었지만 얼마 지나지 않아 조나단은 드라큘라에게 속았다는 사실을 알게 된다. 백작은 여인들의 피를 빨아 먹는 흡혈귀였고, 사람이 많은 런던으로 가기 위해 하커를 이용한 것이다. 계획대로 드라큘라는 하커를 성에 감금하고, 런던으로 향하는 배에 몸을 싣는다. 흙으로 채운 관에 누워 잠든 채 새로운 정착지로 가는 것이다.

조나단 하커의 약혼녀인 미나의 친구, 루시는 알 수 없는 병으로 점점 창백해지고 기운을 잃어간다. 의사들도 마땅한 이유를 찾지 못한다. 결국 루시는 사망한다. 그러나 죽은 줄 알았던 그녀는 밤마다 깨어나 아이들의 피를 빨아 먹는다. 루시의 약혼자 아서 홈우드의 친구인 정신과 의사 존 스워드는 초자연적인 힘이 개입되었다 생각하여, 에이브러햄 반 헬싱 박사에게 연락한다. 반 헬싱 박사는 뱀파이어 전문가였고, 뱀파이어의 소행이라는 직감으로 루시의 묘에 가서 실체를 확인한다. 죽은 지 며칠이 지났지만 루시는 오히려 더 통통해지고, 화사해진 상태였다. 뱀파이어가 되어 깨어난 루시는 반 헬싱 박사 일행에게 죽임을 당한다.

조나단 하커는 겨우 성에서 도망쳐 런던으로 돌아와 루시를 죽인 뱀파이어가 바로 드라큘라 백작임을 알린다. 하지만 드라큘라는 이미 조나단의 행적을 알고 있었고, 교묘하게 미나를 유혹하여 감염시킨다. 미나는 뱀파이어의 정신적 지배를 받게 된다. 반 헬싱은 드라큘라를 추적한 끝에 궁지에 몰아넣는다.

    드라큘라는 런던을 포기하고 다시 트란실바니아로 돌아가지만, 반 헬싱과 조나단 하커 일행은 집요하게 드라큘라를 쫓아간다. 마침내 도착한 드라큘라의 성에서, 그의 심장을 꿰뚫고 목을 잘라 영원한 죽음을 맞게 한다. 드라큘라가 죽은 후, 조나단의 아내인 미나도 정상으로 돌아온다.

<드라큘라>(1992)

Case 1.
고딕 호러의 세계

    1816년 6월, 제네바 호수 옆 아름다운 별장에 영국의 낭만주의 시인 바이런과 그의 친구들이 모였다. 시인인 퍼시 비시 셸리와 후일 그의 부인이 되는 메리 울스톤크래프트 고드윈, 메리의 이복동생인 클레어 클레어몬트, 바이런의 주치의 존 폴리도리. 사흘간 몰아친 폭풍우로 실내에 고립되자 무료해진 그들은 무서운 이야기를 해보기로 한다. 풍부한 상상력을 지닌 시인과 소설가 등은 어딘가에서 들은 괴담을 단순하게 전달하는 것이 아니라 그럴듯하고 섬뜩한 이야기로 만들어 냈다. 후일 그들이 발표한 소설들은 고딕 소설의 대표작이 되었다.

    메리 셸리는 1818년 소설 『프랑켄슈타인』을 발표한다. 과학의 힘으로 탄생한 새로운 인간 혹은 괴물의 이야기다. 프랑켄슈타인 박사는 매장된 시체의 일부를 잘라내 그 조각들로 하나의 육체로 만들고 전기를 흘러보내 깨어나게 만든다. 이름이 없는 괴물은 말을 배우는 등 지능 역시 인간과 크게 다르지 않은 수준으로 발달해 갔다.

연금술사가 만든 호문쿨루스나 유대교 랍비의 흙 인형 골렘 같은 존재다. 괴물을 만들어 낸 프랑켄슈타인 박사는 호러 영화의 단골인 '미친 과학자Mad Scientist' 캐릭터의 전형이 되었다. 신의 영역을 넘보다가 엄청난 파국을 맞는 과학자. 혼자만 죽는다면 그나마 낫지만 결국 세계 전체를 위기에 몰아넣는 캐릭터가 바로 미친 과학자다.

존 폴리도리는 1819년 『뱀파이어The Vampyre』를 발표했다. 피를 빠는 시체가 등장하는 이야기다. 이 소설이 큰 인기를 얻으며, 뱀파이어를 주인공으로 한 소설과 연극이 대거 등장한다. 하지만 뱀파이어의 시작을 대부분 브램 스토커의 『드라큘라』로 알고 있다. 『뱀파이어』는 흡혈귀에 대해 자세하게 설명하지 않는다. 시체가 깨어나고, 피를 빠는 행위를 한다는 설정은 동일하지만 시작이 무엇인지, 어떤 인물이었는지도 드러나지 않는다. 브램 스토커는 뱀파이어를 추상적인 개념이 아니라 구체적인 캐릭터성을 가진 '드라큘라'로 그려낸다. 실존했던 왈라키아의 군주, 블라드 3세의 이름을 끌어와 '블라드 드라큘라'라는 뱀파이어의 섬뜩한 스토리를 창조한 것이다.

제네바의 호수 별장에서 시작된 이야기인 『프랑켄슈타

인』과 『뱀파이어』는 섬뜩하면서도 아름다운 고딕 소설의 시조가 되었다. 고딕 소설의 효시로 인정받는 작품은 1764년에 출간된 호레이스 월폴의 『오트란토 성』이었고, 대중적으로 널리 알려진 작품은 『프랑켄슈타인』, 『드라큘라』, 『지킬 박사와 하이드』, 『늑대 인간』 등이다.

<칼리갈리 박사의 밀실>(1920)

고딕 소설은 공포와 로맨스가 결합되어 낭만적이고 초자연적인 소재와 분위기를 가지고 있다. 고딕 소설이라 하면 높게 솟은 성탑, 끝없이 이어질 것만 같은 계단, 어둡고 침침한 복도, 그곳을 거니는 창백한 여인과 정체를 알 수 없는 존재 등 떠오르는 이미지들이 있다. 고혹적인 이미지는 <칼리가리 박사의 밀실The Cabinet of Dr. Caligari>(1920)과 <메트로폴리스Metropolis>(1927) 등 1920년대 독일의 표현주의 영화를 통해 전해지며, 후대에도 그 위력을 잃지 않고 계승되고 있다.

낭만주의 시인의 초대로 모인 사람들이 만들어 낸 무서운 이야기. 그것은 괴담을 넘어섰다. 18~19세기는 중세에서 근대로 변화하던 시기였다. 신의 섭리로 움직이는 세상이 아니라 자연법칙을 발견하고 인간이 이해하고 증명한 사실들을 토대로 모든 것을 만들어 가던 시대였다. 말과 마차가 없어도 증기 기관으로 기차를 움직일 수 있었고, 인간의 신체가 어떻게 구성되고 움직이는지 밝혀냈다. 이성과 합리주의로 세계의 모든 것을 이해하고 정복할 수 있다고 믿었다. 하지만 불안했다. 여전히 세상에 어둠이 공존했고, 과학의 이면에는 알 수 없는 무언가가 도사리고 있었다. SF 장르의 원조라 할 「타임머신」, 「우주 전쟁」 등을 쓴 H. G. 웰스의 단편집 『허버트 조지 웰스』를 보면 과학의 놀라움만이 아니라 그 이면에서 느껴지는 공포도 함께 그려냈음을 알 수 있다.

고딕 문학은 불안의 징후이기도 했다. 과학으로 만들어 낸 괴물은 인간처럼 진화할 수 있었다. 반면에 창조주는 결국 괴물을 배신한 대가로 자신이 만들어 낸 괴물에게 죽임을 당한다. 드라큘라는 죽었지만, 더 많은 '뱀파이어'들이 창궐하기 시작한 것이다.

Case 2.
현대 장르 소설의 기원

고딕 소설 『드라큘라』, 『프랑켄슈타인』, 「지킬 박사와 하이드」, 『늑대 인간』 등은 현대 호러물의 시조로 평가받는다. 『뱀파이어』와 『카밀라』의 영향을 받은 『드라큘라』는 뱀파이어 장르의 출발점이다. 마늘과 십자가를 무서워하고, 짐승으로 변신하거나 사람의 마음을 조종할 수 있고, 심장에 말뚝을 박으면 죽는 등의 공식이 『드라큘라』에서 시작되었다.

'깨어나는 시체'라는 점에서 본다면 홍콩의 강시 영화, 걷거나 뛰는 좀비도 『드라큘라』의 영향을 받았다 할 수 있다. 『프랑켄슈타인』은 미친 과학자와 그가 창조한 괴물의 이야기다. 미친 과학자는 1950년대 인기였던, 변종 괴물을 만들어 내는 SF 영화와 보이지 않는 세계를 탐구하다가 지옥을 만나는 공포물에서도 많이 나온다.

창조주에게 거역하는 피조물의 이야기는 안드로이드와 로봇을 다룬 SF물로도 확장된다. 인간은 과연 창조주가 될 수 있을까, 인간과 안드로이드는 과연 무엇이 다른 것일까 등등의 질문을 통해.

「지킬 박사와 하이드」는 사이코패스, 다중 인격(해리성 정체 장애) 등 인간 내면에의 관심을 보여준다. 평소에는 이성적이고 선량한 지킬 박사가 종종 사악하고 폭력적인 하이드가 된다. 그렇다면 하이드라는 자아는 지킬의 내면에 공존하고 있는 것일까? 「지킬 박사와 하이드」는 인간성에 대한 질문으로부터 인간 내면의 심리까지 확장될 수 있는 여지가 무한하다.

대니얼 키스의 『빌리 밀리건』은 1977년 납치와 강간 혐의로 기소되었지만 다중 인격과 정신 이상으로 무죄 혐의를 받은 빌리 밀리건의 이야기를 그린 논픽션이다. 미국에서 처음으로 다중 인격을 인정받은 사건으로 알려져 있다. 일본이나 한국은 다중 인격을 공식적으로 인정하지 않고 있다. 『빌리 밀리건』은 한 사람의 내면에 24명의 완벽히 분리된 자아가 존재하고 있음을 보여준다. 만약 모든 자아가 빌리의 의지로 조정되었다면, 그는 이 세상 누구보다도 뛰어난 능력과 천재적인 연기력을 가졌을 것이다. 인간이라는 존재는 과연 무엇인가? 한 사람의 내부에 다른 자아의 공존이 가능하다면 『도매가로 기억을 팝니다』 등 필립 K.

<23아이덴티티>(2016)

딕의 소설들에서처럼 다른 사람의 기억을 주입하여 정체성을 바꾸는 것이 가능할 것이고, 인간과 동일한 자아를 로봇에게 부여할 수도 있을 것이다.

근대에 성립된 고딕 소설은 과학 기술의 발달로 급격하게 변화하는 환경에 비하여 사회적인 제도와 의식은 중세에 머물러 있던 세태에 반발하는 경향으로도 해석될 수 있다. 즉 억압된 사회에 대한 반항과 도발인 것이다.

『오트란토 성』 등 초기 작품에서 고딕 소설은 고딕풍의 성과 건물에서 벌어지는 초자연적인 로맨스나 비극을 그렸지만 점점 다양한 소재로 확장되어 20세기의 공포 소설, 모험 소설, SF, 판타지 등 펄프 소설♟의 원류가 된 것으로 평가된다. 21세기에 들어서며 '고스로리 패션' 같은 말도 일상적으로 쓰일 만큼 익숙해지면서, 고딕은 단순한 설정으로도 많이 쓰인다. 특히 만화나 라이트 노벨 등에서는 인기 있는 장르가 되었다.

♟ 1896년부터 1950년대까지 미국에서 발행되던 펄프 매거진(Pulp Magazines)에 실리던 장르 소설을 일컫는 말. 호러, 로맨스, SF부터 자극적인 소재까지 모두 다루며 '싸구려 소설'이라는 의미로 굳어져서 사용된다.

× CUT ×

뱀파이어 퇴치법

 뱀파이어에 관한 신화와 민담은 태초부터 있었다. 수메르, 이집트, 그리스 등에서는 죽은 뒤 깨어나 산 사람을 먹거나 해쳤다는 존재가 전해진다. 악마나 괴물 정도로 인식되던 뱀파이어는 고딕 소설 『드라큘라』 이후 대중문화 장르에서 인기를 얻으면서 점점 매력적인 캐릭터로 진화했다. 『트와일라잇』에 나오는 뱀파이어는 햇빛을 받아도 죽지 않고 대신에 피부가 반짝반짝 빛난다.

뱀파이어는 영웅호걸이 염원하던 불사의 존재이며, 인간보다 월등하게 빠르고 힘이 세다. 타인의 심리를 조종하거나 다른 존재로 변신할 수도 있다. 흡혈은 생명의 근원을 마시는 것이라 할 수 있고, 상대방에 대한 정복과 지배를 뜻한다. 연인이나 의형제가 서로 피를 먹거나 섞는 행위는 둘이 하나가 되어 서로 생명을 보호하고 함께 뻗어 나간다는 의미다.

뱀파이어 전설은 트란실바니아, 불가리아, 모라비아 등 동유럽에 많았고 러시아와 중국, 멕시코, 로키산맥의 인디언들 사이에서도 전해졌다. 대홍수 전설처럼 세계 곳곳에 존재하는 이야기라 토브 후퍼의 영화 <뱀파이어>(1985)의 설정처럼 뱀파이어가 외계에서 온 존재라고 해도 고개가 끄덕여진다.

로베르토 로드리게스의 영화 <황혼에서 새벽까지>(1996)는 고대 마야 문명이 뱀파이어의 기원이라는 설정인데, 피의 의식을 치렀던 과거가 있으니 그럴 듯도 하다. 동유럽에는 17~18세기에 썩지 않는 시체에 대한 소문이 광범위하게 퍼지며 마녀, 뱀파이어에 관한 학자들의 연구가 시작되었다. 특히 동구권에 있었던 두 명의 실존 인물은 뱀파이어의 기원에 직접적인 영향을 끼쳤다. 왈라키아의 군주인 '블라드 3세'는 브램 스토커의 『드라큘라』, 드란실바니아의 '바토리 백작 부인'은 조셉 셰리든 르파뉴의 <카르밀라>의 모티브가 되었다. 이후 뱀파이어는 다양한 모습으로 그려진다.

1976년 『뱀파이어와의 인터뷰』를 시작으로 『뱀파이어 레스타트』, 『저주받은 여왕』, 『육체의 도둑』, 『악마 멤노크』로 이어지는 앤 라이스의 <뱀파이어 연대기>가 당대의 청년들에게 선풍적인 인기를 끌었다. 1994년에 제작된 닐 조던의 영화 <뱀파이어와의 인터뷰>에서 브래드 피트와 톰 크루즈가 연기한 뱀파이어는 더할 나위 없이 아름답고 지성적이다.

그들은 피를 갈구하는 야수가 아니라 사랑과 이별 등 인간의 희로애락을 공유하면서 영생에 의한 권태에 괴로워하는 존재였다. 누구보다 강인하고, 시간의 몰락을 견뎌내고, 한 치의 후회도 없는 완벽한 존재를 꿈꾸는 '인간'적인 뱀파이어. 앤 라이스의 뱀파이어는 새로운 존재로 거듭나기를 갈망하는 미국의 젊은이들을 사로잡았다. <뱀파이어 연대기>의 영향으로 뱀파이어를 동경하며 영화 속 의상이나 화장 등을 따라 하는 '고스족'도 새롭게 등장했다.

미국 사회에서 <뱀파이어 연대기>의 팬은 <스타트렉> 시리즈의 팬과 대척점에 있는 것으로 평가된다. 이성과 합리주의, 미래에 대한 희망, 동부를 대표하는 것이 <스타트렉>의 팬이라면 <뱀파이어 연대기>의 팬들은 광기와 디오니소스, 탐닉과 염세주의, 서부를 상징했다.

한편으로 뱀파이어 열풍은 68운동이 사그라든 후의 세계를 견뎌내던 젊은이들이 택한 도피처 중 하나였다. <뱀파이어 연대기>에서 말하는 뱀파이어의 근원은 이집트의 신화다. 앤 라이스는 조각난 시체가 부활하는 오시리스와 이시스의 신화에서 뱀파이어를 끌어왔다.

뱀파이어는 흔히 외부의 침입자로 그려지다가, 20세기 말부터는 같은 세계를 공유하는 다른 존재로서 그려지는 경우가 많아진다. 이때부터 뱀파이어는 여전히 인간의 생명을 위협하는 존재였지만, 그들 역시 본성은 인간과 다를 바 없다고 여겨졌다.

HBO 드라마 시리즈 <트루 블러드>는 인간과 뱀파이어, 요정, 늑대 인간, 신체 변형자가 공존하는 세상을 그린다. 뱀파이어는 인간의 피 대신 '트루 블러드'라는 음료를 마시면서 생존이 가능하다. 그렇다면 뱀파이어가 인간의 적이 될 이유가 없고, 인간 또한 뱀파이어를 박멸할 필요가 없다. 인간과 뱀파이어는 다른 인종이나 민족이 어울려 살아가는 것처럼 공존하게 된다. <트루 블러드>는 샬레인 해리스의 소설 『어두워지면 일어나라』로 시작되는 <남부 뱀파이어> 시리즈를 각색한 것이다.

<트루 블러드>, <트와일라잇>까지 보면 굳이 뱀파이어를 퇴치할 필요까지는 없어 보인다. 인간의 피를 조금씩 나누어 준다면, 혹은 피를 대체할 음료가 발명된다면 인간과 뱀파이어는 공존할 수 있다. 하지만 워낙 월등한 정신적, 신체적 능력을 갖춘 존

재라 위협적이기는 하다. 그러니 퇴치법을 알고 있을 필요는 있다. 시간이 흐르면서 소설, 영화 속 뱀파이어마다 싫어하는 것, 치명적인 것 등이 각각 다르기는 하지만 그래도 공통적인 지점은 있다.

일단 싫어하는 것은 마늘, 십자가, 성수. 마늘을 목에 두르면 물지 않는다. 십자가를 들이대면 피하고, 이마에 닿으면 살갗이 타버리기도 한다. 성수도 비슷하다. 하지만 마늘, 십자가, 성수가 치명적인 것은 아니다. 강력한 뱀파이어는 십자가를 뺏어 부러뜨리기도 한다. 그래도 예방 차원에서 가지고 있으면 웬만한 뱀파이어와는 대적할 수 있을 것이다.

뱀파이어를 죽이는 방법은 심장에 말뚝이나 칼, 창 등을 박는 것이다. 피의 근원이 심장에서 시작되니 그 핵심을 파괴하는 것이다. 하지만 팔을 제압하지 않고 심장을 노리는 것이 과연 가능할까? 영화에서는 쉽게 처치하는 경우도 있지만 근력이 약한 사람이 뱀파이어의 심장에 말뚝을 박는 일은 결코 쉽지 않다. 칼로 목을 자르는 것도 가능하겠지만, 그건 심장에 말뚝 박기보다 더 힘들다. 은으로 만든 총알을 심장에 박으면 된다는 말도 간혹 나오지만, 사실 은 총알은 뱀파이어가 아니라 늑대 인간에게 치명적인 무기다. 총알의 구경이 크다면 말뚝 박기와 비슷한 효과를 볼 수는 있겠다.

가장 좋은 것은 햇빛이다. 뱀파이어는 저주의 존재이기 때문에, 햇빛을 받으면 녹아버리다 터져버린다. 하지만 햇빛은 인간 마음대로 조종할 수 없기에 쉽지 않다. 거울에 햇빛을 반사시키는 것으로 뱀파이어를 괴롭힐 수는 있다. 죽이려면 엄청나게 큰 거울이 필요하기 때문에 비현실적이다.

원래의 설정에서 인간이 초대하지 않으면 뱀파이어는 집이나 공간으로 들어갈 수 없다. 인간의 의식을 혼미하게 만드는 뱀파이어에게 초대받는 게 크게 어려운 일은 아니다. 하지만 인간이 뱀파이어의 유혹을 물리치고 정신을 똑바로 차린다면, 창문 밖에서 유혹하는 뱀파이어를 바라보면서도 공격을 당하지 않을 수 있다. 퇴치하기 이전에 들이지 않는 것이 최선이다.

인간의 몰락 그리고 어둠

현실과 환상을 넘나드는 인간의 심연

S#4.

Story of Black Cat

어릴 때부터 동물을 사랑했다. 언제나 동물과 함께했고, 그들을 아꼈다. 지금도 마찬가지다. 가장 아끼는 동물은 검은 고양이 플루토다. 고양이임에도 주인에게 충직하고, 내가 움직이면 뒤를 따라왔다.

그런데 언제인가부터 플루토는 변했다. 내가 술을 마실 때면 플루토는 저 멀리서 바라보기만 했다. 불러도 오지 않고, 볼을 비비면 황급히 몸을 비틀어 도망쳤다. 배은망덕한 동물. 나는 저 동물을 용서할 수 없다. 술을 마시고 플루토를 잡았더니, 내 손을 할퀴어 버렸다. 참을 수 없었다. 칼을 들고, 플루토의 눈을 도려냈다. 피가 바닥에 점점이 떨어졌다. 하나 남은 눈에서 흐르는 냉기를 잊을 수 없다.

결국 나는 플루토를 목매달아 죽어버렸다. 술에서 깨어난 후, 후회했다. 너무나 악마적인 행위였다. 아니, 그건 분명히 악마가 나를 사로잡았던 것이다.

플루토를 죽인 날 밤, 집에 불이 났다. 다 타버린 집의 잔해 속에서, 나는 플루토를 만났다. 벽에 거대한 고양이 형상의 그을음이 남아 있었다. 벽면의 시커먼 고양이 형상도 목이 매여 있는 모습이었다. 플루토는 죽어서도 나를 원망하고 비난하는 것 같았다.

어느 날, 나는 플루토를 다시 만났다. 우연히 들른 술집에 플루토와 닮은 검은 고양이가 있었다. 아니, 그건 분명히 플루토다. 가슴에 똑같은 하얀 반점이 있는데, 심지어 목매단 고양이와 닮았다. 분명 플루토가 환생하여 나를 기다린 것이다. 복수하기 위하여. 나는 그 고양이를 집으로 데리고 왔다. 곁에 두고, 복수에 대비해야 한다.

고양이는 나를 피했다. 불러도 오지 않았다. 어느 날, 아내와 함께 지하실에 내려가던 중이었다. 그런데 평소에는 따라오지도 않던 고양이가 갑자기 계단을 내려오더니 내 다리 사이로 뛰어갔다. 술을 마신 나는 분노를 참을 수 없었다. 도끼를 휘둘러 당장 고양이를 죽이려 했다. 아내가 나를 말렸다. 감히, 나를 막다니.

격분한 나는 도끼를 휘두르다가 아내를 다치게 했다. 아니, 아내는 즉사했다. 절대로 고의가 아니었다. 고양이를 죽이려 했지 아내를 죽이려 한 게 아니다. 아내의 시체를 숨겨야 했다. 벽을 뜯고 시체를 넣은 후 다시 벽돌을 쌓았다. 절대로 누구에게도 들키지 않을 것이다.

아내가 사라지고 며칠 후, 경찰이 집으로 찾아왔다. 그들은 집 안 곳곳을 돌아다니며 수상한 흔적을 찾았다. 아무것도 발견될 리 없다. 지하실은 이미 깔끔하게 치우고, 소독제로 청소까지 마쳤다.

지하실을 둘러보던 경찰이 막 계단을 오르려는 순간, 날카로운 아기 울음 같은 소리가 울려 퍼졌다. 울음소리는 끊이지 않았다. 절규하는 비명 같았다. 경찰이 돌아서서 소리가 나는 곳으로 향했다. 곧 인부가 도착하고, 벽을 부수기 시작했다. 벽이 부서지면서 아내의 시체가 드러났다. 그리고 울부짖는 검은 고양이가 보였다. 고양이는 아내의 시체를 파먹으며 살아남았다. 마침내 나에게 복수를 한, 검은 고양이가 그 안에 있었다.

「검은 고양이」 에드거 앨런 포

Case 1.
에드거 앨런 포

 미국의 작가 에드거 앨런 포는 미스터리와 호러 소설의 선구자로 평가된다. 『모르그가의 살인 사건』, 「도둑맞은 편지」, 「황금 풍뎅이」 등은 합리적인 추론과 분석으로 사건을 해결하는 탐정 오귀스트 뒤팽을 창조했다. 「어셔가의 몰락」, 「검은 고양이」는 인간의 두려움이 불러온 자멸적인 공포를 수려하게 보여준다. 도시 괴담이 어떻게 시작되었는지 보여주는 고전 소설이랄까? 검은 고양이에 대한 근거 없는 공포가 어디에서 기인했는지, 죄의식이 불러온 망상이 어떻게 확장되고 마침내 폭발하는지 잘 그려낸 단편이다.

 「애나벨 리」, 「갈까마귀」 등의 시편도 상징성을 이용해 몽환적인 이미지를 탁월하게 창조했다. 고아였고, 아내가 병으로 요절하고, 알코올과 도박에 중독되는 등 개인적인 삶은 불행의 연속이었지만 자신의 인생을 훌륭한 작품으로 승화시킨 작가다.

 에드거 앨런 포의 대표작인 「어셔가의 몰락」은 인간 내면의 심리적 광기를 음침하고 황폐한 분위기의 저택, 병약하며 고립된 인물, 우울과 부패의 아우라 등을 통해 그려내며 거역할 수 없는 불안과 공포를 느끼게 한다. 어셔 가문이 살던 저택은 단지 배경이 아니라 그들의 몰락과 이미 무너진 정신을 상징하는 유기체처럼 그려진다. 그렇기에 이성과 합리주의로는 도저히 설명 불가능한 심연의 공포를 보여주는 고딕소설의 정수로 볼 수 있다.

에드거 앨런 포(1809~1849)

Case 2.
에도가와 란포

에드거 앨런 포에게 영향을 받은 일본 작가가 있다. 에도가와 란포江戶川乱步라는 필명부터 예사롭지 않다. 이름만 보면 분명히 일본 사람이지만, 에드거 앨런 포를 일본식으로 차용한 것이다. 포의 심리적 공포, 기괴하고 퇴폐적인 분위기, 논리적인 추리 기법을 좋아했던 에도가와 란포는 1922년 데뷔하여 「D언덕의 살인 사건」, 「괴인 이십면상」 등 전통적인 추리 소설부터 「다락방의 산보자」, 「음수」 등 엽기적인 장르까지 다양한 오락 소설을 발표했다.

그는 일본 탐정 캐릭터의 효시라고 할 '아케치 코고로'와 그의 필생의 숙적 '괴도 이십면상'을 창조하기도 했다. 당시까지 번역서 중심이었던 일본 추리 소설계에 충격을 던진 에도가와 란포는 일본 미스터리의 진정한 출발점이었다. 일본 추리 소설의 다양성은 란포의 작품 세계에서부터 뻗어나갔다고 할 수 있다.

<D언덕의 살인사건>(1998)

에도가와 란포의 소설은 정통 미스터리를 넘어선다. 란포는 현실과 환상의 경계를 넘나들며 그로테스크한 상황

과 분위기를 잘 그려냈다. 란포는 '현세는 꿈, 밤의 꿈이야 말로 진실'이라고 말했다. 환영, 기이한 꿈과 몽상, 비현실적인 사건들이 독자의 상상력을 마구 확장한다.

『인간 의자』,『다락방의 산보자』,『파노라마섬 기담』,『음울한 짐승』에서는 인간의 음침하고 뒤틀린 욕망과 내면을 한껏 드러내며 온갖 엽기적이고 에로틱한 몽상을 기발하게 전개한다. 살아 있는 인간을 의자로 만든다거나 다락방에 숨어든 괴한이 아래층의 여인을 훔쳐보고, 개인적 환상을 마음껏 펼친 기괴하고 에로틱하며 아름다운 건축물과 시설로 가득한 섬을 만들어 내기도 한다.

에드거 앨런 포와 에도가와 란포의 소설은 미스터리와 공포라는 장르를 넘어, 현실과 환상의 경계를 넘나들며 어두운 욕망과 광기를 파고들었다. 기괴하고 퇴폐적인 분위기는 단지 느낌을 넘어 죽음, 파멸, 존재의 허무함에 대한 깊은 탐닉을 보여준다. 인간 심연의 어둠과 욕망, 이성의 한계를 탐구하며 독자에게 깊은 질문을 던지는 작가들이다.

× CUT ×

살인자의
어두운 욕망

　에드거 앨런 포의 「검은 고양이」는 어두운 광기에 사로잡힌 인간의 내면을 보여준다. 화자는 말한다. 나는 다정하고, 동물을 사랑하는 사람이라고. 많은 살인자들이 동기에 대해 이러쿵저러쿵 말을 얹는다. 피해자가 욕을 했다거나 자기를 비웃었다고. 하지만 죽은 자는 말이 없다. 살인자는 자신의 끔찍한 범죄를 합리화하기 위해 자신에게 유리하게 말할 뿐이다. 이유가 무엇이었고, 피해자의 잘못이 있었고 등등. 하지만 그들의 말은 믿을 수 없다.

넷플릭스 범죄 드라마 <마인드 헌터>의 원작을 쓴 최초의 프로파일러 존 더글라스는 많은 연쇄 살인범과 인터뷰를 하면서 그들이 거짓말을 한다는 것을 알았다고 한다. 그들은 기본적으로 거짓말쟁이다. 범죄를 미화하고, 동기를 꾸며내고, 피해자의 잘못을 부각한다. 그들은 수많은 거짓말을 늘어놓으며 일말의 진실도 풀어놓는다. 그리고 상대에 대한 신뢰가 쌓이면 조금씩 털어놓는다. 마음속의 어둠, 광기를.

마이클 스폰에 따르면 양심의 가책 없이 살인을 저지르는 사이코패스의 특징으로는 '놀라운 언변과 외적 매력, 과장하는 버릇, 남을 속이거나 조종하려는 태도, 병적인 거짓말 습관, 양심의 가책이나 죄책감의 부재, 타인에 대한 냉담함, 공감 능력 부족, 자기 행동에 책임을 지지 않는 태도' 등이 있다. 그렇게 본다면 「검은 고양이」의 화자 역시 사이코패스의 특징을 그대로 가진 인물이다.

일본에서 처음 사이코패스라는 개념을 등장시킨 소설은 기시 유스케의 『검은 집』이다. 자살 사건을 조사하던 보험 조사관은 '마음이 없는 존재'에 대해 알게 된다. 흔히 생각하는 부모와 자식 간의 사랑은 물론 타인에 대한 마음이 전혀 없는 존재였다. 작품을 통해 기시 유스케는 사이코패스가 인간과 '다른 종'이 아닐까 생각한다. 보통의 인간과 전혀 다른 사고방식, 마음을 가진 존재. 인간과 함께 살아가면서, 인간을 먹이로 삼는 포식자. 그런 존재라면 뱀파이어나 악마와 뭐가 다를까? 인간을 괴롭히고 착취하는 역사를 함께 만들어 온 존재가 사이코패스일 수 있지 않을까?

사이코패스의 진짜 해악은 픽션 속에서가 아니라 일상에서 만났을 때다. 영화와 드라마만이 아니라, 자신의 뒤틀린 사랑이나 욕망을 위해 모든 이들을 나락으로 떨어뜨리거나 가정과 직장에서 자신의 이익을 위해 태연하게 타인을 괴롭히고 해치는 사람들이 정말 많다. 우리는 그들로부터 살아남아야만 한다. 그들이 저지르는 범죄만이 아니라 그들의 악의에서 멀어져야 한다.

유년의 트라우마와 파멸하는 마을

미국의 신화 그리고 악몽

S#5.

Story of Pet Sematary

의사인 루이스 크리드는 아내 레이첼과 딸 엘리, 아들 게이지와 함께 메인주의 한적한 마을 러들로우로 이사한다. 집은 조용하고 평화로웠지만, 인근 도로에는 과속하는 차들이 종종 있었다. 집 근처를 산책하던 루이스는 오래된 '애완동물 공동묘지'를 발견한다. 이웃에게 물어보니, 아메리칸 원주민들이 살던 지역이 근처인데, 그곳은 그들이 신성히 여기던 공간이라고 했다. 죽은 것을 되살리는 신비한 힘이 있다고도 했지만, 루이스는 믿지 않는다.

어느 날, 엘리가 아끼던 고양이 처치가 자동차에 치여 죽어버린다. 루이스에게 이웃인 저드 크랜달이 조언을 한다. 처치를 애완동물 공동묘지에 묻으라는 것이었다. 딸을 위로할 방법을 찾지 못했던 루이스는 반신반의하며 처치를 그곳에 묻는다. 정말 다음 날, 처치가 돌아온다. 그런데 조금 다르다. 처치는 이전처럼 다정하게 굴지도, 나른하지도 않다. 뭔가 날카롭고 공격적으로 가족을 대했다.

루이스 가족에게 더 큰 비극이 닥친다. 이번엔 게이지가 트럭에 치여 죽어버린다. 이성을 잃은 루이스는 게이지를 되살리려 한다. 저드도, 아내도 반대하지만 들리지 않는다. 아들이 되살아나기만 한다면 무엇이든 감수하겠다며 그는 게이지를 애완동물 공동묘지에 묻는다. 그리고 돌아온 게이지. 하지만 게이지는 더 이상 인간이 아니다. 좀비 같기도 하고, 악마 같기도 한 그것이 루이스와 레이첼을 공격한다. 레이첼이 죽어버리자, 루이스는 다시 최악의 선택을 한다. 레이첼을 애완동물 공동묘지에 묻는 것이다. 루이스를 기다리는 것은 가족의 완전한 파멸이었다.

Case 1.
스릴러와 호러에서 성장,
가족 드라마까지 넘나드는 스티븐 킹

소설을 안 읽어봤어도, 스티븐 킹 원작의 영화나 드라마를 한 번도 안 본 사람은 없을 것이다. 호러와 스릴러 장르를 싫어한다 해도, 감동적인 〈쇼생크 탈출〉(1994)이나 청춘물의 걸작 〈스탠 바이 미〉(1986) 정도는 보았을 것이니까. 너무 오래된 영화일까?

2000년 이후로 만들어진 〈미스트〉(2007), 〈제럴드의 게임〉(2017), 〈그것〉(2017)과 〈그것:두번째 이야기〉(2019), 〈닥터 슬립〉(2018), 〈공포의 묘지〉(2019), 〈아웃사이더〉(2020), 〈살렘스 롯〉(2024) 중 한 편 정도는 보거나 들어봤을 것이다.

<스탠 바이 미>(1986)

 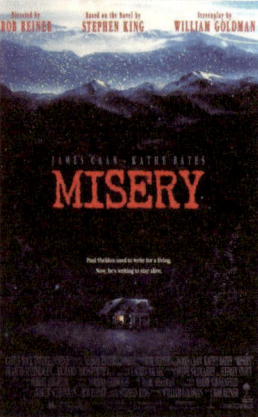

<옥수수밭의 아이들>(1984) & <미저리>(1990)

　스티븐 킹 원작 영화는 일일이 셀 수 없을 정도로 많다. 그의 데뷔 소설을 원작으로 만든 〈캐리〉부터 〈샤이닝〉, 〈크리스틴〉, 〈초인지대〉, 〈쿠조〉, 〈옥수수밭의 아이들〉, 〈런닝맨〉, 〈미저리〉, 〈공포의 묘지〉, 〈론머맨〉, 〈슬립워커즈〉, 〈다크 하프〉, 〈스탠 바이 미〉, 〈쇼생크 탈출〉, 〈돌로레스 클레어본〉, 〈그린 마일〉, 〈나이트 플라이어〉, 〈죽음보다 무서운 비밀〉, 〈하트 인 아틀란티스〉, 〈드림캐처〉, 〈1408〉, 〈다크 타워〉, 〈부기맨〉, 〈높은 풀 속에서〉, 〈몽키〉 등등.

　단편으로 만들어진 작품까지 합치면 거의 400편의 영상물로 각색된 스티븐 킹의 소설은 전 세계에서 판매된 책 중에서 그 숫자가 성경 다음으로 많다고 한다. 스티븐 킹의 소설은 호러에서 출발하여 스릴러, SF, 성장 소설, 판타지, 심리 드라마, 미스터리 등 끝이 없다.

Case 2.
비현실적이지만, 너무나 현실적인 이야기

스티븐 킹은 탁월한 이야기꾼이다. 하나의 아이디어를 잡으면 맹렬하게, 망설임 없이 흘러간다. 한번 그의 이야기에 말려들면 헤어날 길이 없다. 스티븐 킹의 소설이 미국에서 엄청난 인기를 얻는 이유 중 하나는 '일상적인 이야기'를 담고 있기 때문이다.

스티븐 킹의 공포는 심플하다. 기독교적인 죄의식과 유년의 공포를 모티브로, 평온한 일상에 도사리고 있는 그림자 같은 어둠을 오싹하게 표현하는 것이 스티븐 킹의 특기다. 미국인에게는 '마음의 고향'인 평화로운 소도시에서 출발하는 작품이 많은 것도 특징이다. 초자연적인 상황이 등장하지 않으면서도 현실과 환상을 넘나들고, 일상적인 공포의 끝을 경험하게 한다.

『뱀파이어와의 인터뷰』,『악마 멤노크』시리즈 등을 쓴 공포 소설 작가 앤 라이스는 '고딕풍의 정교하고 나른한' 공포를 선사한다. 현실에 존재하지만, 내가 경험하는 일상과는 전혀 다른 또 하나의 세계다. 스티븐 킹의 주인공들은 랩톱을 사용하고, 바로 옆집에 이웃으로 살고 있다. 그러는 한편, 「나이트 플라이어」의 흡혈귀처럼 피를 마시기 위해 비행기를 타고 미국 전역을 헤매기도 한다.

스티븐 킹의 소설들은 '도시 전설'의 형태를 띠고 있다. 믿기 어려운 이야기를 파고 들어가 보니 실제의 사건이 과장된 것이라거나, 아예 미궁으로 남은 초자연적인 현상이었던 등 합리적인 도시의 이면에 끈적끈적하게 달라붙어 있는 이야기들. 신문 사회면에 항상 존재하는 '경험'과 '악몽'을 드라마틱하게 보여준다. 스티븐 킹은 이렇게 말했다.

"글을 쓸 때 나는 사람들에게 겁을 주고 싶다. 그러나 그건 적당한 수준이다. 왜냐하면 당신도 그것이 상상의 공포라고 믿기 때문이다. 흡혈귀, 초자연적인 모든 것들.

어떤 의미에서 그것들은 안전하다. 그러나 『제럴드의 게임』이나 『돌로레스 클레이본』은 다르다. 독자를 안전지대 바깥에 있다고 느끼게 했고, 그것이 더욱 공포를 준 것이다. 그것들은 충분히 가능한 일이니까."

일상에서 겪는 소소한 사건과 경험이 어떻게 그 자체로 공포를 줄 수 있는지, 혹은 어떤 방식으로 거대한 미지의 세계로 확장되면서 공포를 안겨주는지 알고 싶다면 『캐리』, 『크리스틴』, 『공포의 묘지』, 『1408』 등을 추천한다.

스티븐 킹의 소설은 영상화하기에 좋다. 일단 로그라인이 명확하고, 눈길을 끌 만한 장면들이 많다. 스티븐 킹의 장편은 영화보다 드라마로 각색하는 것이 더 낫다. 이야기가 장황하고 곁가지가 여러 갈래인 경우가 많기 때문이다. 대성공을 거둔 2부작 영화 〈그것〉은 1990년에 미니시리즈로 만들어진 적이 있었는데, 좋은 평가를 받지 못했다. 장편 소설 원작이기에 영화로 만들기는 부담스럽다. 27년의

월리스 스트로비 "Digging Up Stories with Stephen King" 인터뷰, https://wallacestroby.com/writersonwriting_king.html

<그것>(2017)

시간을 오가는 이야기 구성은 소설로서는 탁월하지만, 영상으로는 표현하긴 쉽지 않다.

드라마와 다르게 영화는 1부와 2부로 나눠서 각각의 시간대에서 이야기를 진행한다. 원작에서 1950년대였던 배경을 1980년대로 바꾸고, 1부에서는 등장인물의 청소년 시기 모험만을 그린다. 2부에서는 성인이 된 그들이 겪는 모험을 다뤘다. 탁월한 결정이었다.

성인이 된 주인공이 유년의 악몽과 다시 부닥치는 것, 순수하고 강한 믿음과 팀워크로 악을 물리치는 것, 평화로운 소도시 이면에 깔린 짙은 어둠 등은 스티븐 킹의 작품에서 일관되게 반복하는 주제다. 킹은 면밀하게 일상과 초자연적인 상황을 엮어내면서 '상상 가능한' 악몽을 선사한다.

소설『그것』에는 아이들만이 가진 감각이 강조된다. 아이들은 자신이 본 것을 믿는다. 어른들처럼 믿기 힘든 무엇을 합리적으로 설명하려 굳이 애쓰지 않는다. 스스로 느낀 사실을 받아들이고, 싸워서 없애려 한다. 그런데 어른이 되면서 그들은 어린 시절의 싸움을 잊어버렸고, 그저 상상이었다고 믿어버린다.『그것』에서 킹은 아이들의 관점으로 보라고 말한다. '우리가 잃어버린 순수함'을 찾아야 한다고 말한다.『그것』을 포함하여, 스티븐 킹의 소설이 우리에게 선사하는 것은 순수함이다. 우리가 가지고 있는 어두운 공포를 통해, 진실을 이해하게 만드는 것이다. 믿기 어렵다고? 그렇다면 「스탠 바이 미」나 「쇼생크 탈출」,『그린 마일』을 보면 된다. 이 작품들은 공포 소설은 아니지만, 스티븐 킹의 다른 작품들과 겹쳐 보았을 때 구성이나 캐릭터성이 거의 일치한다. 그냥 어법이 다른 것뿐이다. 스티븐 킹의 소설이 수십 년 동안 스릴과 두려움을 넘어 감동을 주는 이유다.

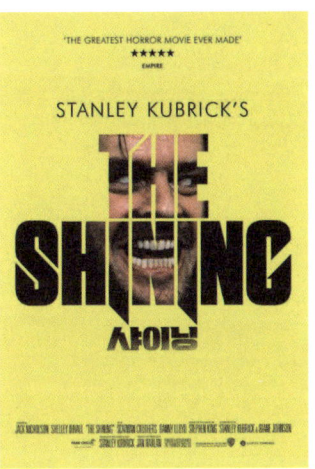

<샤이닝>(1980)

× CUT ×

스티븐 킹 원작
영화와 드라마 보기

스티븐 킹은 영화, 드라마에 관심이 각별하다. 제작과 스토리에 직접 참여하는 경우가 대단히 많았다. 독립 영화나 단편 영화를 만든다고 하면 원작 사용료를 거의 받지 않을 때도 있다. 매년 그 해의 최고의 공포 영화를 직접 꼽기도 한다. 반작용도 있다. 영화나 드라마가 원작을 망쳐놓았다고 생각할 때는 직접 나선다. 아이러니하게도 영화 <샤이닝>이 그랬다.

스탠리 큐브릭의 <샤이닝>(1980)은 공포 영화 역대 베스트 10에 늘 이름을 올리는 걸작이다. 스티븐 킹은 영화 <샤이닝>이 원작을 곡해했다며 공개적으로 비난했다. 영화에는 '샤이닝'이란 능력이 무엇인지 나오지 않고, 거대한 호텔에 깃든 악령과 싸우는 가족의 모습을 보여준다. 스티븐 킹은 직접 대본까지 써서 미니시리즈 <샤이닝>을 만들었지만, 그야말로 졸작이었고 이제는 아무도 기억하지 않는다. 당연히 영화 <샤이닝>이 최고다.

하지만 스티븐 킹의 소설은 영상화하기에 최적이다. 설정이 새롭고, 인물이 풍성하고, 스토리 전개가 스릴 넘친다. 그러니 영상화도 많이 되고 걸작, 수작의 숫자도 많다. 그렇다면 스티븐 킹의 단편을 포함해 100편이 훨씬 넘는 영화와 드라마 중에서 무엇을 보아야 할까. 절대 놓치지 말아야 하는 작품부터 시작해 보자.

일단 <샤이닝>이 있고, 후속편 마이크 플래너건의 <닥터 슬립>(2019)도 수작이다. 누구나 고개를 끄덕일 만한 걸작으로는 브라이언 드 팔마의 <캐리>(1978), 프랭크 다라본트의 <미스트>(2007), 존 카펜터의 <크리스틴>(1983), 루이스 티그의 <쿠조>(1983), 브라이언 싱어의 <죽음보다 무서운 비밀>(1998), 안드레스 무시에티의 <그것>(2017)과 <그것:두번째 이야기>(2019)를 꼽을 수 있다.

공포 장르는 아니지만 롭 라이너의 <스탠 바이 미>(1986)와 <미저리>(1990), 프랭크 다라본트의 <쇼생크 탈출>(1994)과 <그린 마일>(1999), 테일러 핵포드의 <돌로레스 클레이본>(1995)도 있다.

개인적 취향에 따라 걸작과 수작을 오갈 작품은 데이비드 크로넨버그의 <초인지대>(1983), 조지 A. 로메로의 <크립쇼>(1982)와 <다크 하프>(1993), 메리 램버트의 <공포의 묘지>(1989), 마크 파비아의 <나이트 플라이어>(1997), 미카엘 하프스트롬의 <1408>(2007), 마이크 플래너건의 <제럴드의 게임>(2017)이 있다. 마크 L. 레스터의 <초능력자>(1984), 프리츠 키어쉬의 <옥수수밭의 아이들>(1984), 폴 마이클 글레이저의 <런닝맨>(1987), 믹

개리스의 <슬립워커스>(1992), 토브 후퍼의 <맹글러>(1995), 스콧 힉스의 <하트 인 아틀란티스>(2001), 로런스 캐즈던의 <드림캐쳐>(2003), 데이비드 코엡의 <시크릿 윈도우>(2004), 빈센조 나탈리의 <높은 풀 속에서>(2019), 몹 새비지의 <부기맨>(2023) 등도 있다.

드라마로는 <공포의 별장>(1979)과 토미 리 월리스의 <그것>(1990)의 찬반이 엇갈렸고, 이후의 작품들도 대체로 평판이 좋지 않았다. <언더 더 돔>(2013)과 <11/22/63>(2016)이 비교적 반응이 좋았고, 이후 범죄 드라마인 <미스터 메르세데스>(2017)와 <아웃사이더>(2020)가 성공을 거두었다. 스티븐 킹 소설 속 장소와 캐릭터가 등장하는 <캐슬 록>(2018)도 화제를 모았다. 스티븐 킹의 소설은 영화보다 드라마로 훨씬 재미있을 것 같지만, 사실 크게 성공을 거둔 '호러' 드라마는 찾기 힘들다.

아무래도 소설과 연출의 감각은 다르다. 소설가와 영화감독으로서 모두 성과를 이룬 이창동도 있지만,

흔하지는 않다. 스티븐 킹도 참담하게 실패했다. 그는 1986년 스릴러 <맥시멈 오버 드라이브>를 연출했다. 알 수 없는 이유로 기계가 인간을 공격한다는 아이디어는 좋았지만, 킹의 연출은 지루하고 평범했다. 워낙 쓰디쓴 경험을 했는지 스티븐 킹은 다시 영화 연출에 도전하지 않았다.

위대한 작가 스티븐 킹은 소설에 매진했고, 지금까지 우리는 킹의 신작이 나올 때마다 열광하고 있다. 한편으로 다행이다. 독자로서 원하는 것은, 스티븐 킹이 연출한 영화나 드라마가 아니다. 스티븐 킹의 소설과 그 소설을 연출적으로 잘 각색하여 만든 영상물이다.

이성으로 넘나드는 비현실

요괴보다 무서운 인간

S#6.

Story of Ubume

1950년대의 일본 도쿄. 무명의 소설가 세키구치 타츠미는 싸구려 잡지에 속된 사건과 스캔들을 기고하면서 돈을 번다. 세키구치는 고서점을 운영하는 친구 츄젠지 아키히코에게 많은 도움을 받고 있다. 글 쓸 거리를 얻는 것은 물론이고 힘든 일이 있으면 개인적으로 상담을 하기도 한다. 서점 이름인 '교고쿠도京極堂'로 불리는 츄젠지는 세상에 모르는 것이 없는 고서점 주인이면서, 귀신을 떼어내거나 악령을 퇴치하는 일도 겸한다.

세키구치는 유서 깊은 쿠온지 가문의 딸이 임신 20개월째 출산하지 못하고 있다는 기이한 소문을 들었다. 남편도 밀실에서 감쪽같이 사라졌다 한다. 세키구치는 교고쿠도를 찾아가 도대체 가능한 일인지를 묻고 고교 시절 선배인 탐정 에노키즈를 찾아간다. 임산부의 언니인 쿠온지 료코가 에노키즈에게 의뢰를 했다고 한다. 료코를 만나 이야기를 듣던 세키구치는 기묘한 사건에 휘말린 탓인지, 자신의 우울증 때문인지 아득함을 느끼며 정신을 잃어버린다.

<우부메의 여름>(2005)

'우부메姑獲鳥'는 일본의 요괴다. 임신 중에 아이가 죽거나 아이를 출산하다가 죽어서 요괴가 된 것이라는 설이 있다. 중국 요괴인 고획조姑獲鳥가 일본에 전해지며 우부메로 변했다는

설도 있다. 고획조는 인간의 아이를 채서 납치하는 요괴다. 우부메는 하반신이 피투성이가 된 채 아이를 안고 돌아다니며 사람을 유혹해 잡아먹는 것으로 묘사된다.

세키구치는 모든 것이 우부메의 저주라고 생각하지만 교고쿠도는 부정한다. 요괴는 인간의 뒤틀린 욕망과 행동을 이해할 수 없거나 용납할 수 없을 때 인간 스스로가 만들어 내는 허상이라는 것이다. 교고쿠도는 쿠온지 가문의 숨겨진 비밀을 캐내어, 모든 것이 인간의 왜곡된 마음에서 비롯되었음을 보여준다.

Case 1.
이상한 세계를 만들어 내는 인간

일본의 오니鬼는 우리가 흔히 알고 있는 도깨비만을 뜻하지 않는다. 영화 〈음양사〉를 본 사람이라면 기억할 것이다. 사랑을 잃어버린 여인이 한이 맺힌 채 마침내 살아 있는 요괴가 되어버리는 것을. 원망이나 분노, 슬픔의 도가 지나치면 살아 있는 채로 뿔이 나고 입이 찢어지며 요괴가 되어버린다. 죽은 후에 귀신이 되는 것도, 처음부터 오니로 존재한 것도 아니다. 그는 인간이었지만 이제는 오니다. 원래부터 오니였던 존재도 있고, 산 사람이 오니가 되거나 동물과 식물, 사물이 시간이 흘러 오니가 되기도 한다.

교고쿠 나츠히코의『우부메의 여름』,『망량의 상자』,『광골의 꿈』,『철서의 우리』,『무당거미의 이치』,『도불의 연회』 등 '교고쿠도' 시리즈의 제목에는 모두 요괴의 이름이 들어가고, 요괴에 얽힌 이야기가 전개된다. 그런데 묘하다. '교고쿠도 시리즈'는 초자연적인 현상을 다루는 호러보다는 전통적인 미스터리에 가깝다. 요상한 사건이 벌어지고, 교묘한 트릭을 '안락의자형 탐정'과 흡사한 츄젠지 아키히코가 풀어낸다.

츄젠지는 교고쿠도라는 헌책방 주인이자 음양사지만 주문이나 술법이 아닌 논리적 분석을 통해 사건을 해결해 나간다. 인간의 기억을 시각화하는 능력이 있는 탐정이자 친구 에노키즈도 있지만, 그가 하는 일은 많지 않다. 교고쿠도 시리즈는 츄젠지의 추리와 그의 입을 빌린 작가의 요설로 페이지를 채워 간다.

"원래 이 세상에는 있어야 할 것만 존재하고, 일어나야 할 일만 일어나는 거야. 우리들이 알고 있는 아주 작은 상식이니 경험이니 하는 것의 범주에서 우주의 모든 것을 이해했다고 착각하고 있기 때문에, 조금만 상식에 벗어난 일이나 경험한 적이 없는 사건을 만나면 모두 입을 모아 저것 참 이상하다는 등, 그것 참 기이하다는 등 하면서 법석을 떨게 되는 것이지. 자신들의 내력도 성립

<망량의 상자>(2007)

과정도 생각한 적 없는 사람들이, 세상을 이해할 수 있을 것 같나? (……) 언제 무슨 일이 일어나도 당연하고, 아무 일도 일어나지 않아도 당연한 걸세. 되어야 하는 대로 되고 있을 뿐이야. 이 세상에 이상한 일 따윈 아무것도 없어."

그것이 바로 본격 미스터리의 화두이기도 하다. 아무리 이상하고 기괴한 사건일지라도, 아무리 불가능한 일일지라도, 거기에는 뭔가 해답이 있기 마련이다. 교고쿠도 시리즈의 초자연적 존재인 요괴와 과학적 추리를 절대시하는 본격 추리의 연금술이 가능한 이유는 그것이다. 일본에서 교고쿠도 시리즈는 라이트노벨로 분류되기도 하고, 본격 미스터리로도 칭해진다. 개성이 강한 인물들을 등장시켜 요설을 일삼는다는 점에서 라이트노벨이고, 치밀하게 구축된 트릭을 공들여서 파해破解해 나간다는 점에서는 본격 문학이다.

교고쿠도 나츠히코는 뛰어난 본격 미스터리 작가인 동시에 세계 요괴 협회 회원으로 일본 최고의 요괴 전문가이기도 하다. 교고쿠도 시리즈는 '요괴'를 수수께끼의 전면에 내세우지만 결코 불가해하거나 초자연적인 결말로 귀결되지 않는다. 철저히 과학적이고 논리적인 사유에 의거해 문제를 해결한다. 등장인물들의 온갖 미망迷妄 덕분에 기묘하게 일그러지는 것일 뿐. 소설 속 사람들은 요괴를 보건, 요괴 때문에건 어디론가 빨려 들어가 미망에 사로잡힌다.

요괴란 대체 무엇일까. 교고쿠 나츠히코는 초자연적인 존재를 전혀 부정하지 않으면서, 현혹되는 어리석음을 경계한다.

> '망량은 말일세, 사람에게 들러붙는 게 아니네. 그러니 떨어뜨릴 수 없어. (…) 현혹되는 것은 사람 쪽이지. (…) 망량은 경계적인 존재일세. 따라서 어디에도 속하지 않는다네. 그리고 섣불리 손을 대면 현혹당하네.'

인간은 약하기 때문에 경계를 기웃거리고, 정말로 현혹

- 『우부메의 여름』, 교고쿠 나츠히코 저, 김소연 역, 손안의책, 2004-03-25, p.37
- 『망량의 상자』 하, 교고쿠 나츠히코 저, 김소연 역, 손안의책, 2015-05-20, p.757-759

되면 인간이 아닌 오니가 되어버린다. 교고쿠 나츠히코는 경계에서 서성거리는, 혹은 그 경계를 넘어가 버린 사람들의 이야기를 전하고 있다.

세상에는 존재할 수 없을 것 같은 일들이 엄연히 존재한다. 상식으로 믿을 수 없는 사건들이 버젓이 일어나곤 한다.

교고쿠는 믿을 수 없는 사건 대부분이 우리들의 마음이나 욕망 때문에 벌어지는 일이라고 말한다. 분명히 존재하지만, 우리가 보지 않으려고 애쓰면서 뭔가 초자연적인 현상으로 돌린다는 것이다. 그것이 더 편하고, 기존의 인식을 바꾸지 않아도 되니까. 새로운 것을 받아들이지 않고, 모든 것이 조화로운 자신의 세계 안에서만 살아가면 평화롭고 행복할 수 있으리라고 생각하니까.

과하게 말하자면, 잘못을 저지르고도 주말에 교회에 가서 회개하면 모든 것을 용서받을 수 있다고 생각하는 것이다. 일상의 인식이나 행동을 바꾸기보다는 초자연적인 존재를 끌어들이는 것이 편하기 때문이다.

인간은 자신에게 불편하게 느껴지는 것, 보고 싶지 않은 것은 보지 않는다. 눈으로 보고 있으면서도, 뇌는 그것을 '거짓'이라고 지각한다. 결국 나를 속이는 것은 나 자신인 셈이다. 그래서 교고쿠는 말한다. '가상 현실과 현실의 구별은, 자기 자신은 절대로 할 수 없는 법'이라고.

Case 2.
요괴는 인간의 거울

자신을 속이는 것이 가능해지고, 반복해서 자신을 속이다 보면 스스로 길들여진다. 흔히 '매 맞는 아내'가, 남편이 사실은 착한 사람이고 자신이 잘못해서 맞는 거라고 믿어 버리는 것처럼. '매 맞는 아내'처럼 자신만을 속일 수도 있지만, 어떤 사람은 자신을 속이면서 동시에 다른 사람들도 지옥으로 몰아넣는다. 사회가 자신을 홀대하고 무시한다고 생각하면서, 자신보다 약자인 사람들을 괴롭히거나 죽이는 악플러 연쇄 살인마도 있다. 교고쿠는 인간이 얼마나 부조리한 존재인지, 얼마나 사악해질 수 있는지를 독특한 장광설로 설명해 준다. 그들은 결코 이상한 존재가 아니다. 바로 우리와 똑같은 사람인 동시에, 요괴다.

누구에게나 그럴 가능성은 존재한다. 인간은 약한 존재

<음양사>(2001)

이기 때문에 언제나 경계를 기웃거리게 되고, 어느 순간 정말 아무것도 아닌 작은 방 아쇠 하나가 당겨져 오니가 되는 것이다. 인간과 함께 살아가면서도 인간이 아닌 그 무엇, 인간 사회에서 내동댕이쳐진 누군가가 되어버린다. 대체 그들의 전락에는 어떤 이유가 있는 걸까?

그들이 자신의 내부에서, 혹은 세계의 근원에 있는 심연에서 무엇을 보게 되었는지 궁금하다. 교고쿠는 지독한 요설로 인간과 세계 그리고 요괴의 이야기를 끈질기게 늘어놓는다. 실용적인 지식은 아니지만, 항간에 떠다니는 교고쿠의 잡설들은 우리가 살아가는 세계의 진짜 얼굴을 지독하게 끌어낸다.

아마 그것 자체가 요괴일 것이다. 인간의 벌거벗은, 세계의 추한 모습 그 자체가 요괴고 지옥이다. 결코 이해할 수 없고, 두려움으로 엿보는 호러의 세계.

× CUT ×

쿄고쿠 나츠히코의 요괴들

『우부메의 여름』으로 메피스토상을 수상하며 데뷔한 쿄고쿠 나츠히코의 <쿄고쿠도 시리즈>는 각 요괴들의 이름을 내세우지만 철저하게 논리적이며, 증거를 바탕으로 사건을 풀어간다. 요괴가 문제라는 착각은, 사건에 연루된 인간의 마음이 뒤틀려 있기 때문에 생겨난다. 요괴가 아니라 인간이 문제다. 그래도 이 요괴들의 정체를 한번 알아보자.

이매망량魑魅魍魎은 중국 고전에서 유래한 요괴로, 산과 물의 도깨비를 총칭한다. '이매'는 산도깨비, '망량'은 물의 도깨비를 의미한다. 국어대사전에서는 이매망량을 '온갖 도깨비. 산천, 목석의 정령에서 생겨난다'고 정의하고 있다.

광골狂骨은 물에 빠져 죽은 사람, 특히 바다나 강에 수장된 시체의 원한이 뼈에 스며들어 요괴가 된 존재를 말한다. 산 사람을 물에 끌어들여 죽인다.

철서鉄鼠는 설화에서 비롯된 요괴로 헤이안 시대의 고승 라이고賴豪에서 시작되었다. 천황을 위해 충성을 다했지만 배신당했다고 생각하여 단식 끝에 사망했다. 라이고의 원한은 수많은 쥐 떼로 변해 스님들을 괴롭히고, 절을 공격하는 등 큰 피해를 입혔다. '철서'는 쇠를 갉아먹을 정도로 강력한 이빨을 가진 쥐라는 의미다. 일본 불교 내부의 세력 다툼과 전횡, 폭력에 대한 은유라고 볼 수 있다.

『무당거미의 이치』에 나오는 조로구모絡新婦는 무당거미면서 동시에 요괴의 이름이다. 무당거미는 황색과 검은색 무늬를 가진 아름다운 모습의 거미다. 조로구모는 400년 이상 산 늙은 무당거미가 인간의 모습, 특히 아름다운 여인의 모습으로 둔갑한 요괴다. 젊고 매력적인 모습으로 남성을 유혹하고 거미줄에 묶거나 독으로 꼼짝 못 하게 하여 삼아먹는다. 불을 뿜는 거미들을 조종하기도 한다.

『도불의 연회』에 나오는 도불塗仏(누리보토케)은 눈이 축 늘어져 아래로 처졌고, 몸이 검게 칠해진 부처 형상의 요괴다. 특별한 피해를 끼치지는 않지만, 기괴하고 불길한 분위기 때문에 안 좋은 의미로 여겨진다.

교고쿠 나츠히코의 다른 소설에는 죽은 지 얼마 되지 않은 시체의 썩는 냄새나 기운에서 태어나는 요괴, 인간의 얼굴에 새의 몸통과 날개, 부리를 가진 형상의 괴조 온모라키陰摩羅鬼와 사악하고 인간을 홀리는 잡스러운 요괴인 사매邪魅, 원숭이 머리에 너구리 몸통이고 사지는 호랑이며 꼬리는 뱀인, 밤에 나타나 불길한 울음소리를 내서 사람을 병들고 죽게 하는 누에鵺 등이 나온다. 실제로 요괴가 등장하는 것이 아니라 사람들이 요괴에게 책임을 전가하며 괴상한 짓을 하고 있다.

2

악마와 유령, 부재하는 존재들

악마는 사라지지 않는다

지옥의 악마와 사탄들

S#1.

Story of Satan

로즈메리와 가이 부부는 신혼집으로 뉴욕 맨해튼의 브램퍼드 아파트를 구해 이사한다. 쾌적하고 안전한 고급 아파트였다. 과거에 불길한 사건들이 벌어졌다는 소문이 있지만, 로즈메리 부부는 크게 신경 쓰지 않는다.

이웃들도 다정하고 친절했다. 그들은 중년의 로만과 미니 카스타베트 부부와 친해지게 된다. 처음에 카스타베트 부부는 다정하게 굴며, 아파트에 대해 다양한 정보도 알려주었다. 하지만 점점 간섭이 심해지는 것 같기도 하고, 가이는 로만과 지나치게 가까워지는 것 같다. 로즈메리에게는 묘한 불안감이 싹트기 시작한다. 어느 날, 로즈메리는 미니가 건네준 디저트

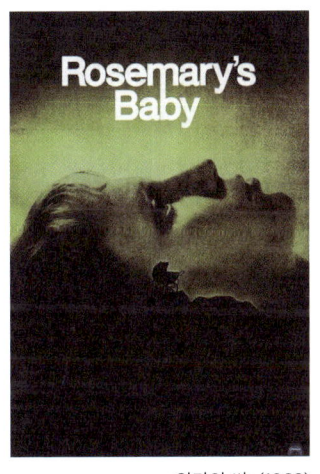

<악마의 씨>(1968)

를 먹고 기이한 환각에 빠져든다. 그날부터 로즈메리는 악몽을 꾸기 시작했다. 누군지 알 수 없는, 인간이라고도 하기 힘든 어떤 존재와 섹스를 하는 꿈이다. 악몽은 계속해서 이어지고, 깨어서도 불쾌하고 몽롱한 상태가 이어졌다.

병원에 간 로즈메리는 임신한 사실을 알게 된다. 임신을 하고도 기묘한 환각은 이어졌다. 주변의 이웃들은 로즈메리의 임신을 축하하며 직접 만든 음식을 권하거나 몸에 좋은 약이라면서 약초 같은 것을 건네주었다. 로즈메리는 의심스러워졌다. 친절하다고 생각했던 이웃들이 혹시 어떤

의도를 가지고 다가온 것은 아닐까?

로즈메리는 주변을 파헤치기 시작한다. 뭔가 이상했다. 위화감이 든다. 남편이 이웃들과 너무나 친밀하게 지내는 것도 이상했다. 이웃들의 행동을 잘 들여다보고, 남편을 감시하던 끝에 로즈메리는 진실을 알게 된다. 다정한 가이도, 친절한 이웃들도 모두 음모가 있었다. 그들은 모두 악마 숭배자였던 것이다.

1970년대 미국에서는 사탄 숭배, 악마주의가 성행했다. 사탄 숭배자들이 공공연하게 대중에게 모습을 드러냈고, 은밀하게 사탄의 의식을 치르는 사람들도 많았다. 연쇄 살인이 악마 숭배자의 짓이라는 주장도 등장했다. 공식적으로는 드러나지 않았지만, 악마 숭배가 바로 곁에서 이루어지고 있을 거라는 생각은 많이들 하고 있었다.

로즈메리는 걱정하지 않았다. 그저 매스 미디어에서 떠드는 뉴스거리일 뿐이라고 생각했다. 설마 주변 이웃들이, 심지어 남편이 악마 숭배자라는 것은 정말 믿을 수 없는 일이었다. 가이는 의도적으로 악마 숭배자들이 모여 사는 아파트에 로즈메리를 데리고 온 것이다. 단지 악마 숭배를 권하기 위해서라면, 그럴 수도 있다.

그러나 진실을 파고 들면서 로즈메리는 경악한다. 그들의 목적은 단지 선교가 아니라, 악마의 자식을 세상에 데려오기 위함이었다. 로즈메리가 무언가와 섹스하는 상황은 꿈이 아니라 현실이었다. 로즈메리는 악마와 섹스하고, 악마의 자식을 잉태한 것이다.

로즈메리는 악마 숭배자들의 보호와 감시를 받으며 아이를 출산한다. 아이는 사탄의 자식, 적그리스도다. 로즈메리는 아이를 어떻게 해야 할지 고민한다. 마침내 로즈메리는 결심한다. 아이의 미래가 어떨지라도, 결국 받아들이기로. 아이는 로즈메리의 자식이니까 말이다.

Case 1.
사탄과 루시퍼, 블랙 사바스

로만 폴란스키가 1968년 연출한 〈악마의 씨Rosemary's Baby〉는 1960년대와 70년대에 성행했던 악마 숭배를 다룬 영화로, 아이라 레빈이 1967년에 발표한 소설이 원작이다.

뉴욕 맨해튼의 고급 아파트에 입주한 젊은 부부 로즈메

<엑소시스트>(1973)

리와 가이. 평화롭고 안락한 아파트에 적응하면서 이웃의 노부부와 친해진다. 하지만 지하의 공동 세탁실에서 만난 여인이 의문의 죽음을 당하는 일이 벌어지기도 하고, 로즈메리는 악몽을 꾸기 시작한다. 그러던 중 아이를 임신한 것을 알게 된다. 기쁘지만 악몽과 불길한 느낌은 여전하다. 여기서 경악할 만한 이유가 나온다. 아파트의 주민들이 모두 사탄 숭배자였으며, 그들은 육신을 갖고 태어날 사탄을 기다렸던 것이다. 그리고 로즈메리가 사탄을 잉태할 제물이었다.

한국도 그리스도교의 영향력이 강한 국가지만 사탄이나 악마의 존재는 대중적이지 않다. '사탄의 유혹' 같은 말은 일상적으로 쓰이긴 하지만, 정말로 악마가 우리의 일상을 방해하거나 누군가의 몸에 빙의한다고는 그다지 믿지 않는다.

하지만 서양은 사탄Satan과 악마Demon의 존재를 심각하게 여긴다. 가톨릭에서는 실제로 구마 사제가 존재한다. 윌리엄 프리드킨의 영화 〈엑소시스트The Exorcist〉(1973)는 악마에게 빙의된 소녀를 구하려는 사제들의 이야기다. 평범했던 10대 소녀가 어느 날 갑자기 험한 말을 내뱉고, 방 안의 사물과 가구가 멋대로 움직이고, 소녀의 얼굴과 몸이 이상하게 변형된다. 그녀를 구하기 위해 구마 사제가 방문한다. 의사의 처방으로도 아무런 효과가 없거나 더 이상 치료가 불가능하다고 판단할 때, 부모가 가톨릭 신자라면 신부에게 도움을 청한다. 한국이라면 신부보다 무당을 찾아가는 경우가 대부분일 것이다.

Case 2.
적그리스도와 세계의 종말

개인에게 빙의되는 악마보다 거대한 존재도 있다. 리처드 도너의 〈오멘The Omen〉(1976)은 적그리스도의 탄생을 그린 영화다.

로버트 손의 아내는 병원에서 아이를 사산한다. 마침 같은 병원에서 가족이 없는 산모가 죽었고, 출산한 아이만 살아남았다. 병원에서 로버트에게 그 아이를 입양하기를 권하자, 그는 아내가 충격받을 수 있다고 생각해 아이가 죽었다는 사실을 말하지 않고 입양한 아이를 키우게 된다.

아이의 이름은 데미안. 아이가 자라는 동안 유모가 자살하거나, 동물원의 동물들이 데미안에게 적대적 반응을 보이는 등 이상한 일들이 계속 벌어진다. 로버트는 죽은 산모의 정체를 추적하다가 데미안이 적그리스도라는 사실을 알게 된다. 로버트는 뒤늦게 데미안을 죽이려 하지만……

데미안의 몸에는 666이라는 동물의 숫자가 적혀 있다. 성경의 요한 묵시록에는 예수의 재림이 묘사되어 있는데, 재림 이전에 7개의 재앙이 있고 적그리스도가 나타나는 등 세상이 환란에 빠진다고 한다. 요한 묵시록을 직접 다룬 영화는 〈세븐 사인〉(1988), 〈엔드 오브 데이즈〉(1999) 등이 있고 적그리스도, 짐승의 숫자 666, 7개의 상징 등을 이래저래 다룬 영화나 만화는 수없이 많다.

〈세븐 사인〉은 묵시록에 나오는 종말의 7개 징조가 실현

되는 과정을 보여준다. 그중 마지막은 적그리스도, 영혼이 없는 자의 탄생이다. 인간이 너무 많아지면, 영혼의 방이 텅 비어버려서 '악마의 자식'이 태어난다는 것이다. 태어날 아이가 영혼이 없는 '짐승'이 될 것이라는 사실을 알게 된 주인공 애비의 선택은 과연 무엇일까. 아이가 태어나기 전에 누군가 죽으면 된다. 죄 없이 죽은 영혼이 아기의 몸에 들어갈 테니까. 그게 그녀가 내린 결론이었다.

최근에는 〈오멘: 저주의 시작〉(2024), 〈이매큘레이트〉

<오멘>(1976) & <오멘: 저주의 시작>(2024)

(2024) 등이 초월적 존재의 '재림'을 소재로 했다. 〈오멘: 저주의 시작〉에서 적그리스도의 재림을 계획하는 자들은 단지 사탄주의자만이 아니다. 가톨릭은 물론 종교적 신념이 없는 사람들이 너무 많아지는 세상을 개탄하며, 거대한 악이 등장해야 사람들이 공포에 질려 신을 믿을 것이라고 말하는 근본주의자들 역시 적그리스도의 재림에 동조한다. 영화에서, 모든 문제는 항상 근본주의자들이 만들어 낸다.

사탄의 자식이 적그리스도로 태어나면 세상은 곧 종말에 이른다. 이 설정은 서양만이 아니라 일본에서도 자주 등장한다. 다만 동양적 종말론에 기초한다. 홍콩 영화로도 각색된 일본의 만화『공작왕』은 세계의 종말을 불러오는 존재가 적그리스도가 아니라 공작왕과 수많은 악신들이다.『공작왕』의 주인공 퇴마사 공작은 원래 세계를 종말로 이끌 존재로 태어났지만, 올바른 길로 끌어주는 스승과 친구들이 있기에 자신의 운명을 스스로 선택한다.

동양의 종말론은 한 번이 아니라 수차례를 넘어 무한하게 반복되며 종말과 부활을 거듭한다. 절대신에 의하여 한 번에 구원받는 것이 아니라 영겁의 과정을 통해서 앞으로 나아간다.

Case 3.
악마란 무엇인가

악마를 다룬 작품마다 등장하는 통칭 '악마'는 대체 무엇일까? 대충 감은 오지만, 떠오르는 이미지와 개념은 동양과 서양이 매우 다를 수밖에 없다. '악마 같은 놈'이라고 하면 한국인에게는 그저 나쁜 놈 정도지만, 기독교 신앙이 지배적인 서양에서는 악마의 역사와 종류가 무척이나 다양하다.

그렇다면 루시퍼와 사탄은 어떻게 다른 것일까? 호랑이와 표범의 차이 정도일까? 악마에도 계급이 있고, 서열이 있다던데 도대체 무슨 말일까. 일단 사탄Satan, 루시퍼Lucifer, 바포메트Baphomet, 바알Baal, 바알제붑Beelzebub, 데몬Demon, 데블Devil 등등이 무엇인지 짚고 넘어가자.

사탄Satan은 그리스도교에서 적대시하는 악의 존재다. 성경에 나오는 만악의 근원. 하와를 유혹하여 선악과를 먹게 한 뱀, 미카엘과 싸우는 붉은 용이 바로 사탄이다. 중세에는 염소나 산양의 머리에 인간의 다리를 가진 존재로 묘사되기도 했다. 사탄은 악마, 마귀들의 우두머리이며 하느

님의 눈을 피해 인간을 유혹하는 존재다.

루시퍼Lucifer는 성경에는 나오지 않는다. 존 밀턴의 『실낙원』, 단테의 『신곡』 등 문학 작품에서 원래 천사였지만 불경한 짓을 하여 신에게 버림받고 지옥으로 떨어진 악마로 그려진다. 그러니까 타락 천사. 중세에는 사탄과 루시퍼를 대체로 동일시했는데, 다른 악마로 보는 입장도 있다. 다만 타락 천사이자 악마들의 우두머리라는 점이 같기 때문에, 사탄과 루시퍼를 같은 존재로 여기는 경우가 많다. 가톨릭 등에서 공식적으로 언급하지 않지만, 근대 이후의 대중문화에서는 사탄보다 신에 반기를 들고 천사에서 악마로 타락한 루시퍼가 더욱 매력적으로 등장하는 경우가 많다.

바알제붑Beelzebub도 악마의 우두머리로 칭해지며, 일각에서는 사탄으로 여기기도 한다. 원래 가나안 지방에서 숭배되는 신(Baal)이 있었고, 바알을 이단으로 몰면서 기독교의 '악마'가 된 경우다. 바알제붑은 '파리 같은 존재'라는 뜻의 멸칭이고, 영화 등에서 바알제붑이 등장할 때 흔히 파리나 벌과 같은 곤충이 몰려드는 장면으로 묘사된다.

바포메트Baphomet는 산양의 머리와 다리, 새의 날개, 여성의 상체를 가진 악마다. 이름은 이슬람의 마호메트를 변용한 것으로 보인다. '블랙 사바스'라는 검은 미사를 주관하는 양성구유의 존재다. 성전 기사단과 프리메이슨이 바포메트를 숭배한다는 음모론도 있었다. 그런 이유로 대중문화 속에서 악마 숭배자들이 떠받드는 존재가 모습을 보일 때는 거의 바포메트의 형상인 경우가 많다. 이 밖에 아바돈, 아자젤, 몰렉, 메피스토펠레스 등 각양각색의 악마가 있다.

데몬Demon은 보통 악마라고 말하지만, 기독교 용어로는 마귀다. 마귀들의 우두머리가 사탄Satan이다. 그렇게 본다면 사탄의 다른 말이기도 한 'Devil'은 악마 중에서도 최상급을 뜻한다고 할 수 있다. 서양에서 데블Devil은 마귀의 총칭이고, 악한 것, 악의 존재 자체를 의미하는 'Evil'에 정관사 'The'가 붙으면 또한 마귀가 된다. 악(Evil)이 형체를 가진 구체적인 대상으로 나타났을 때 'Devil'이라고도 한다.

Case 4.
악마와 인간의 관계

그렇다면 악마와 인간의 관계는 어떨까? 악마는 언제 인간 앞에 나타날까? 악인보다 오히려 무고한 일반인이나 소녀에게 나타나는 경우가 많다. 영화 〈엑소시스트〉에 나오는 빙의에는 별다른 이유가 없다. 처음에는 원인을 알 수 없는 고통에 시달리거나 몸에 기이한 상처 같은 것이 나타나고, 극단적인 분노에 사로잡히거나 폭력적으로 변한다. 정체불명의 언어를 구사하기도 하고 욕설도 퍼붓는다. 정신과도 별 소용이 없다. 가톨릭 사제, 교회의 목사에게 도움을 청하면 악마의 본색을 드러내는 경우가 있다. 십자가와 성수에 반응하고, 스스로 악마라고 밝히며 몸을 뺏었다고 인정한다. 약한 인간의 몸을 이용하여 악행을 저지르는 게 악마 빙의라 할 수 있다. 굳이 왜 그러는지 궁금한데, 단순한 장난 같은 것이 아닐까 싶다. 커다란 이익을 얻으려는 것도 아니고, 그저 한 인간의 영혼을 앗아가는 행위.

<유전>(2018)

악마가 인간의 몸을 탐하는 빙의보다 더욱 흥미로운 것은 악마의 실체다. 현실에 악마가 정말로 나타난다면 어떻게 될까? 진짜 악마는 어떤 모습일까?

<이블 데드>(1989)

〈악마의 씨〉, 〈오멘〉 등의 영화에는 적그리스도의 재림을 꿈꾸는 악마 숭배자가 나온다. 악마 숭배자들은 악마가 직접 세상에 나와 자신들을 이끌어 주기를 원한다. 어리석은 일이지만 악마의 권능을 눈으로 보고 싶은 것 또한 원초적 욕망이다. 아리 애스터의 〈유전 Hereditary〉(2018)에 나타나는 악마는 지옥의 여덟 왕 중 하나인 파이몬이다.

악마를 소환하려면 어떻게 해야 할까? 바닥에 육각의 별을 그리고, 촛불을 켜고, 주문을 외우면 되는 걸까? 〈다크 송: 저주의 시작〉(2016)은 마법서 『아브라멜린』에 기초한 의식을 통해 죽은 아들의 영혼과 대화하기를 원하는 어머니가 주인공이다. 영화는 악마 소환 의식의 진행 과정과 이에 수반되는 기묘한 현상을 집요하고 자세하게 그려낸다. '소환 의식' 자체에 관심이 있다면 꼭 참조해야 할 영화다.

〈이블 데드〉(1989)에서는 H.P. 러브크래프트가 상상한 가상의 책 『네크로노미콘』을 우연히 발견하고 읽었다가 악마를 불러내게 된다. 우리나라에서도 유행했던 분신사바와 비슷한 위자Ouija, 위치보드Witchboard 등 죽은 영혼과 소통할 수 있는 도구를 사용하다가 평범한 사람이 감당하기 힘든 악마를 불러내기도 한다.

현실에서는 악마 소환이나 빙의보다 '유혹'이 더욱 그럴 듯하다. 인간의 모든 지식을 깨우친 파우스트에게 나타난 메피스토펠레스는 자극적인 쾌락을 던져주며 타락을 강요한다. 파우스트가 진정으로 타락하는 순간, 악마는 그의 영혼을 가져가는 동시에 신에게 반항하는 존재로서 작은 승리를 얻어낼 것이다. 살아가면서 매번 해야 하는 사소한 선택들, 늘 부딪치는 양심과 이기심의 갈등 등은 어쩌면 우리 안에 항상 존재하는 천사와 악마의 싸움으로 결정되는 것일 수도 있다. 악마는 우리 안에 있고, 악마와 싸워가며 선한 길로 걸어가는 것이 인간에게 주어진 운명일지도 모른다.

× CUT ×

악마
퇴치법

    일상에서 악마의 유혹을 만났을 때 대처법은 비교적 간단하다. 탐욕, 질투, 교만, 분노, 폭식 등 성경에서 말하는 7대 죄악을 멀리하면 된다. 항상 마음가짐을 바르게 하고, 성실하고 겸손하게 일상에 충실하면 악마가 다가올 일은 없다. 그러나 말이 쉽지, 이렇게 살아가는 인간은 거의 없다. 매일 7대 죄악을 거듭하며 악마의 유혹에 시달리다가 지나면 반성하고, 다시 같은 실수를 되풀이하고. 다만 반복의 과정을 통해서 조금씩 나아진다면 최적의 삶이라 할 수 있다.

악마에게 빙의가 되면 구마 사제를 부른다. 사제의 무기는 십자가, 성수, 성경 등이다. 하급 악마라면 십자가와 성수 등에 고통을 받겠지만 고급 악마들은 크게 영향받지 않는다. 반복하고 반복해서 악마를 괴롭히고, 자진해서 떠나게 해야 한다. 하지만 악마가 떠나가려면 또 다른 몸이 있어야 한다. 그때 쓰이는 것이 돼지다. 돼지의 몸에 악마를 가둔 후, 강물에 던진다. <콘스탄틴>에서는 거울에 가둬서 퇴치하는 방법도 나온다. 거울은 동서양에서 모두 악령을 퇴치하는 수단으로 쓰인다.

특별한 능력이 없는 평범한 인간이 악마를 만난다면, 도망치는 게 상책이다. <이블 데드>, <유전> 등에 나오는 정도의 악마와 인간이 대결하는 것은 애초에 불가능하다. 체급 자체가 완전히 다르다. 상급 악마는 천사들과 맞짱을 뜨는 존재들이니 인간이 상대하는 것은 불가능하다. 다만 마이크 콜터 주연의 <이블>(2019)에서는 하급 악마들에 맞서 사제와 인간 등이 싸우는 모습이 나온다. 흔히 마귀라 불리는 악마 정도라면, 인간이 각오를 다지고 맞서 싸울 수 있다.

그곳에 무언가 있다

공간, 장소에 머무르는 존재들

S#2.

Story of House

영적인 능력이 있는 쿄코는 부동산 중개업을 하는 오빠 타츠야의 부탁으로 사고 물건을 찾아간다. '사고 물건'은 전에 살던 입주자가 살해당하거나 자살하는 등 사건이 일어난 부동산을 말한다.

사고 물건인 탓에 도통 집이 팔리지 않아 고민이라는 타츠야의 말에 함께 음침한 집에 들어간 쿄코는 바로 이상한 기운을 느낀다. 그냥 넘어갈 수 없는 정도의 뭔가가 있다고 직감했다. 쿄코는 청주를 가져와 한 모금 마시더니 바로 뱉어냈다. 그리고 타츠야에게 말한다.

"손님이 왔을 때 술 한 잔을 줘. 그리고 맛이 이상하다며 뱉어내면 절대 그 사람에게 집을 팔면 안 돼."

이 집에는 '지박령'이 있다. 억울하게 죽어서 집이나 어떤 공간을 벗어나지 못하는 영혼이나 찾아오는 사람들에게 영향을 끼치는 영혼을 지박령이라고 한다. 몇 년 전, 아내인 카야코가 바람을 피우고 있다는 의심을 한 남편이 그녀를 살해했다. 심하게 두들겨 패서 온몸의 뼈가 부러진 카야코는 욕실에서 천천히 죽어갔다. 남편은 카야코의 불륜 상대를 찾아야 한다는 망상에 사로잡혀 집을 나가 돌아오지 않았다. 아들인 토시오는 빈집에 방치되었다. 담임 선생인 고바야시는 장기 결석 중인 토시오가 걱정되어 집을 찾아왔다. 집은 쓰레기로 가득하고 사방에 먼지가 쌓여 엉망진창이고, 무표정한 토시오는 기묘한 고양이 울음소리를 내고 있다.

심각하게 뭔가 잘못되었다는 느낌을 받은 고바야시는 도망치려 한다. 하지만 이미 카야코의 저주에 걸려들었다.

<주온>(2002)

남편은 카야코의 불륜 상대가 고바야시라고 확신했다. 그럴 수밖에 없는 이유가 있다. 정신 분열에 강박과 편집증이 심했던 카야코는 대학 시절에 잠깐 스쳤던 고바야시가 자신의 애인이라고 생각했다. 고바야시가 자신을 사랑하고 있다고 믿는다. 카야코의 남편도 그렇게 확신했다. 그도 그

럴 것이, 카야코의 망상은 너무나 확실하게 일기장에 적혀 있었으니까. 미쳐버린 카야코는 남편에게 맞아 죽은 뒤 지박령이 되었고, 집에 들어오는 모든 사람을 잔혹하게 죽인다. 뒤틀린 사랑의 대상이었던 고바야시도 예외가 될 수 없었다.

카야코 가족이 모두 죽은 후, 집에는 새로운 가족이 이사를 온다. 그리고 그들 또한 하나둘 죽어간다. 살고 있는 가족만이 아니라 잠시 놀러 왔던 친구, 가정 교사 등등 모두 카야코의 저주를 받아 죽어버린다. 그중에서 카야코의 가족과 관계가 있는 사람은 없었다. 단 하나, 자신이 죽은 집에 들어왔다는 이유만으로 카야코의 저주를 받는다. 지박령인 카야코의 원한이 너무나 강하게, 뒤틀린 분노에 온통 사로잡혀 있기 때문이다.

빈집일 때 호기심으로 들어온 불량 학생들도 모두 죽었다. 몇 년 후, 집을 리모델링하고 들어온 젊은 부부도 죽는다. 잠깐이라도 집에 들어온 이들은 모두 저주를 받고 죽게 된다. 이 집은 전형적인 '흉가'로 주변에 알려지게 된다.

Case 1.
저주받은 집

나카다 히데오의 〈링リング〉(1998)과 함께 J 호러의 선두 주자였던 시미즈 다카시의 〈주온呪怨〉(2002)은 살해당한 카야코가 지박령이 되어 저주를 내리는 이야기다. 억울한 사고로 죽은 영혼은 그 자리에 남아 오도 가도 못하게 된다는 말이 있다. 죽음을 받아들이지 못해 계속해서 자신이 죽은 장소에 머물며 지나가는 사람을 그곳으로 끌어들이고, 결국 죽음에 이르게 한다는 것이다. 이렇게 억울하게 죽은 이들이 연속하여 그 공간에 사로잡히는 것. 흉가에 가면 억울하게 죽은 영혼이 집단으로 있는 경우가 있는데, 이런 연유일 수도 있다. 딱히 저주를 받아서라기보다 원한을 가진 영혼과 접촉하면서 생기는 부산물 같은 죽음.

가장 유명한 흉가 영화라면, 미국에서 실제 벌어진 사건을 토대로 쓴 제이 앤슨의 베스트셀러를 각색한 〈아미티빌의 저주〉(1979)를 꼽을 수 있다. 제임스 완의 〈컨저링〉(2013)의 주인공이자 실제 인물인 고스트 헌터 워렌 부부가 영화의 무대가 되는 집에 간 적이 있다고 한다.

1974년, 미국 뉴욕주 롱아일랜드의 저택에 조지 루츠 가족이 이사 온다. 얼마 지나지 않아 수시로 이상한 소리가 들리고, 악취가 나며 벌레가 들끓기 시작하더니 저절로 문이 닫히고 다시 열리지 않는 일들이 반복된다. 가족들은 밤마다 악몽을 꾸고 같은 시간에 깨어나기도 하고, 아이는 상상의 친구와 수수께끼 같은 대화를 한다. 그러던 중 1년 전 이 집에서 아들이 일가족을 살해하는 사건이 일어났다는 것을 알게 된다. 그뿐이 아니다. 집터는 공동묘지였고, 과거에 사탄 숭배자로 유명한 존 케첨이 같은 지역에 살았다. 결국 아버지가 가족들을 죽이려

<아미티빌의 저주>(1979)
& <컨저링>(2013)

하는 끔찍한 상황에까지 이르지만 다행히 위험을 이겨낸 루츠 가족은 집을 떠나 먼 지역으로 이사한다.

간단한 내용이지만 〈아미티빌의 저주〉는 큰 인기를 끌어 지금까지도 10편이 넘는 속편이 만들어지고 있다. 집 안에 저주를 내리는 영혼이 있거나 악마가 존재하여 들어오는 사람들을 위협하고 해치는 흉가 이야기는 동서양 어디에나 있다. 대부분 부풀려진 내용이 많다. 〈아미티빌의 저주〉도 일가족 살해 사건은 있었지만, 이후 영화의 배경이 되는 사건은 '폴터가이스트' 현상 정도라고 밝혀졌다.

폴터가이스트는 독일어로 'Poltern(노크하다)'과 'Geist(영혼)'를 합친 단어로, 물건이 절로 움직이거나 알 수 없는 소리가 나는 현상을 말한다. 서랍이나 문이 열리거나 닫히고, 의자나 책상이 흔들리고 움직이는 현상. 사람의 몸이 허공으로 던져지거나 창문이 저절로 깨지기도 한다. 요정이나 영혼 등 초자연적 존재가 벌이는 현상이라는 주장도 있고, 성장기의 아이들이 가진 특별한 능력 때문에 일어난다는 주장도 있다.

1982년에 나온 토브 후퍼의 영화 〈폴터가이스트〉는 새 집으로 이사 온 가족의 어린 딸에게 수수께끼의 존재들이 몰려들면서 폴터가이스트 현상이 나타나는 이야기를 그리고 있다. 〈아미티빌의 저주〉처럼, 〈폴터가이스트〉 속 집도 공동묘지 위에 지어진 것이었다. 죽은 자들의 안식을 방해했기 때문에, 깨어난 영혼들이 저주를 내렸다고 해야 할까. 이 정도라면 기꺼이 '폴터가이스트'도 인정할 수 있다. 일종의 미필적 고의로서, 묘지 위에 지어진 집에 이사를 와 영면을 방해하는 잘못을 범한 것으로 볼 수도 있으니까.

Case 2.
심령 스폿

흉가에 대한 다른 주장도 있다. 인간의 사념이 강하게 발산될 때, 그것이 기록처럼 공간에 남는다는 주장이다. 산이나 거리 등 특정한 장소를 지나며, 그곳에서 벌어진 과거의 사건이 재현되거나 강렬한 분노나 슬픔을 느끼는 것처럼 장소에 기록된 정서나 감정 등이 일부에게 공명하는 것이다. 누군가 살해당했거나 사고로 억울하게 죽었을 때 발산되는 강렬한 감정이 남아서 영향을 끼치는 것일 수도 있다. 귀신이나 요괴가 아니라 장소에 남은 기억을 공유하는 셈이다. 하지만 경험하는 사람의 입장에서는 원한을 가진 귀신이든 공간에 새겨진 기억이든 마찬가지 아닐까? 둘 다 현실로 닥쳐오는 것이니까.

공수창의 〈알 포인트〉(2004)는 베트남 전쟁 중에 군인들이 겪은 기묘한 사건을 그린다. 1972년, 최태인 중위는 비밀 임무를 맡게 된다. 6개월 전 '로미오 포인트Romeo Point'에서 사라진 18명의 병사를 수색하는 임무다. 유일하게 돌아온 강 대위는 다른 병사들이 모두 죽었다고 보고하지만, 여전히 구조 요청 무전이 들어오고 있

〈알 포인트〉(2004)

다. 알 포인트로 들어간 최 중위와 수색대원들은 환각에 사로잡히고, 공포와 불안에 시달리며 하나둘씩 죽어간다. 과연 진짜 귀신의 소행일까? 아니면 정글에서 탈진한 채 불안에 사로잡힌 병사들의 죽고 죽이는 자살 소동이었을까? <알 포인트>는 어쩌면 전쟁이라는 극한의 상황을 의미하는 함축된 상징일 수 있다. 죽이지 않으면 살아남을 수 없는 끔찍한 지옥. 극단적이고 치열한 감정이 가득한 전쟁터에 서라면 당장 미쳐서 환각을 보더라도 결코 이상하지 않다.

일본에는 '심령 스폿'이라는 단어가 있다. 심령 현상이 나타나는 장소를 말한다. 집, 거리, 터널, 연못 등등 어떤 장소든지 이상한 현상이 자주 나타나면 심령 스폿이라고 부른다. 오랜 전설이 서린 곳도 있고, 끔찍한 사건이 벌어진 장소였다거나 기이한 형상의 괴물이 목격되는 등 각 장소마다 다양한 이유가 있다. 영화로도 만들어질 만큼 유명한 폐가인 곤지암의 병원도 심령 스폿이다.

심령 현상이 자주 일어나는 장소가 있다. 무엇인가 존재한다고 많은 이들이 짐작하지만, 과학적으로 증명할 수 없는 곳. 논리적으로 설명할 수 없고, 확실하게 보여줄 수도 없지만, 그곳에 무엇인가 있다.

× CUT ×

지박령을 피하려면

흉가, 폐병원, 폐모텔 등 심령 스폿을 전문적으로 찾아다니는 이들이 있다. 무서운 이야기를 좋아하는 괴담 동호회나 영상을 찍어 유튜브에 올리는 유튜버들도 많다. 영화 <곤지암>(2018)도 심령 스폿을 찾아간 유튜버들이 경험한 무서운 이야기에 관한 것이다.

일반적인 심령 스폿이라면 큰 문제는 없다. 죽은

이의 영혼이 머물고 있는 정도라면 들어가도 별 탈이 없겠지만, <주온>의 카야코처럼 엄청난 원한과 분노를 가진 지박령을 만나게 되면 심각한 문제가 생길 수도 있다.

한국에서는 곤지암 정신 병원, 제천 늘봄가든, 영덕 흉가를 흔히 3대 흉가라고 부르는데 이 외에도 대구 안경공장, 경북 금룡반점, 부산 놀이공원 등 유명한 장소가 많다. 이런 장소들의 특징은 단지 영혼이 머무르는 정도가 아니라 호기롭게 '공포 체험'을 하러 들어갔다가 충격적인 경험을 하고 이후에 관련된 이들이 죽은 경우가 많다는 것이다. <주온>의 스토리가 엄청난 과장이 아니라는 증명이기도 하다.

흉가의 지박령을 피하는 방법은 간단하다. 흉가에 들어가지 않으면 된다. 하지만 일단 들어간 다음에는, 어쩔 수가 없다. 지박령이 비교적 착하거나 원한이 강하지 않기를 기대하는 수밖에. 무당의 말에 따르면, 흉가에 들어가는 일은 되도록 피하라고 말한다. 특히 밤에는 반드시 피하라는 것.

하지만 이사한 집에 지박령이 있다면 문제가 심각

해진다. 일단 부적을 쓰거나 굿을 하는 정도가 조치할 수 있는 방법이다. 굿으로 달래주고 원혼이 이승을 떠나게 하면 된다. 하지만 강한 원한이 남아 집에 들러붙은 지박령이 굿 한 번 정도로 떠나가기란 쉽지 않다. 그를 이길 수 있는 방법은 없다. 그냥 인간이 집을 떠나가는 수밖에. 그러니까 이사를 가는 방법뿐이다.

애증의 원혼들

한 맺힌 유령과 빙의된 인간들

S#3.

Story of Woman

에도 시대 무사인 다미야 이에몬은 헌신적인 아내 오이와를 홀대한다. 부정을 의심하는 의처증도 있다. 그러는 와중에 이에몬은 다른 여자와의 혼담까지 주고받는다. 이에몬을 자신의 가문으로 들이려는 이토의 말에 홀딱 넘어간 것이다. 이에몬은 결국 오이와에게 독약을 먹인다. 약을 먹은 오이와는 부작용으로 얼굴이 추하게 변해버리고, 한을 남긴 채 죽고 만다. 억울하게 죽은 오이와는 유령이 되어 돌아온다. 이토와 그의 딸에게 나타나고, 이에몬을 포함해 자신을 배신한 주변 사람들에게도 차례로 찾아간다. 마침내 이에몬은 모든 것을 잃고, 비참한 죽음을 맞이한다. 원한을 품고 죽은 오이와의 저주가 마침내 완성된 것이다.

Case 1.
원혼들의 출몰

오이와와 이에몬의 이야기는 일본에 전해지는 '요츠야 괴담'이다. 가부키로 만들어졌고, 이후 나카가와 노부오의 영화 〈도카이도 요츠야 괴담東海道四谷怪談〉(1959)이 인기를 끌었고, 요괴 전문가 교고쿠 나츠히코가 소설 『웃는 이에몬』으로 재해석하기도 한 유명한 괴담. 내용은 간단하다. 탐욕스러운 남편의 불륜과 폭력으로 억울하게 죽어간 아내가 원혼이 되어 복수한다. 권선징악이고, 봉건적이며 불합리한 인습으로 희생된 여성이 주인공이다.

한국의 「장화홍련전」도 비슷하다. 계모 허씨는 전처의

자식인 장화와 홍련을 괴롭힌 끝에 결국 죽음으로 몰았다. 억울하게 죽은 장화와 홍련은 하소연하기 위해 마을의 원님 앞에 나타나지만, 겁에 질린 남자들은 그 모습을 보자마자 놀라 죽어버린다. 그렇게 원님이 바뀌기를 거듭하다가 한 원님이 겨우 정신을 부여잡고 장화와 홍련의 이야기를 들어준 뒤, 원한도 갚아준다. 원전에는 계모를 죽여 젓갈로 만들었다는 끔찍한 설정도 있다.

근대 이전까지 무서운 이야기의 절반은 요괴나 괴물이 등장하는 것이었고, 절반은 억울하게 죽은 귀신이 나타난다. 요츠야 괴담과 장화홍련전은 후자다. 요츠야 괴담의 오이와는 직접 악인을 찾아가 원한을 풀지만, 장화와 홍련은 국가의 시스템에 호소하여 악인을 처벌해 달라고 부탁한다. 보통 괴담에서는 직접 복수하는데, 후자의 경우처럼 귀신이 나타나 억울함을 호소하자 경찰이나 형사가 증거를 모아 대신 범인을 찾아주는 이야기는 현실에서도 찾아볼 수 있다. 1827년 잉글랜드의 마리아 마텐 살인 사건에서는, 죽은 마리아가 엄마의 꿈에 나타나 시체가 있는 곳을 알려주어 범인을 잡았다고 한다.

귀신이 나타나는 집에 살게 된 입주민이 꿈에서 본 장면

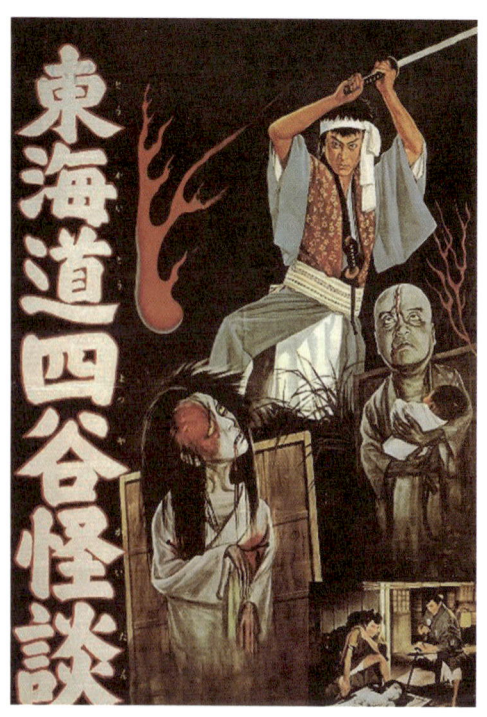

<도카이도 요츠야 괴담>(1959)

을 단서로 추리하여 암매장된 시체를 발견하고 귀신의 한을 풀어준다는 이야기는 설화나 민담에도 종종 나온다.

다카노 가즈아키의 소설 『건널목의 유령』은 도쿄 시모키타자와의 기차 건널목에 유령이 나온다는 소문과 심령사진에 얽힌 이야기다. 유령의 존재를 믿지 않던 일긴지 기자 출신 마쓰다는 2년 전 아내가 죽은 후, 여성 월간지에서 계약직으로 일하다가 심령 특집 기사를 담당하게 된다. 시모키타자와의 심령사진과 마주하게 된 마쓰다는 진상을 추적한다. 그는 왜 나타나는 것일까? 정체가 무엇일까? 문제의 건널목에서는 기차가 급정거하는 일이 많았다. 기관사들은 철길에서 사람 그림자를 보았다고 한다. 무언가가 나타나는 시각은 항상 심야 1시 3분이었다. 취재를 시작한 후, 새벽 1시 3분마다 마쓰다에게 의문의 전화가 걸려온다. 마쓰다는 건널목 주변에서 벌어진 살인 사건들을 찾아본다. 1년 전, 야쿠자에게 살해당한 호스티스 여성이 있었다. 사건의 이면을 파고 들자, 기업의 비리와 뇌물 사건이 드러났다. 그렇다면 심령사진은 억울하게 죽은 자가 보낸 신호인 것일까.

Case 2.
복수와 권선징악

생전의 한을 풀어달라며 나타나는 귀신은 무척이나 많지만, 문제는 원한이 해결되지 못하는 경우다. 그나마 장화와 홍련은 대담한 원님 덕에 원한을 풀었지만, 모두가 도망가거나 죽어버렸다면 어떻게 되었을까? 오히려 원한이 쌓여서 모든 이를 죽여버리는 악령이 되지는 않을까?

『건널목의 유령』은 신원조차 밝혀지지 않은 채 죽은 이의 이야기다. 아무도 기억해 주지 않고, 추모하지 않는 죽음을 맞았다면 유령이 되어서라도 알리고 싶지 않을까? 나의 호소를 들어주지 않는다면, 아무 연관 없는 사람을 해코지해서라도 전하고 싶어질지 모른다. 요즘 인기 있는 〈심야괴담회〉에 나오는 이야기의 많은 경우가 이에 속할 것이다.

억울하게 죽었다면 영혼만 남아서라도 원한을 가질 것이고, 한이 남은 귀신이 되어 복수를 할 것이다. 쉽게 생각하면 그렇다. 하지만 현실은 간단하지 않다. 끔찍한 살인을 저질렀거나 사기를 쳐 상대를 죽음으로 몰아넣은 장본인이

떵떵거리며 잘 사는 경우가 많이 있다. 수많은 이를 피눈물 흘리게 하고도 천수를 누리고, 자식들까지 부를 물려받아 잘 사는 일이 많다. 가끔 병이나 사고로 악인이 죽으면, 천벌을 받았다고 말하곤 한다. 그런 정도다. 공포 영화에서는 권선징악이 꽤 지켜지는 편이지만 현실은 다르다. 현실에서의 권선징악은 의외로 많지 않다.

그래서 복수를 꿈꾸는 이야기는 언제나 잘 팔린다. 다카하시 츠토무의 만화《스카이 하이》의 설정은 흥미롭다. 억울하게 죽은 영혼이 다다르는 문이 있다. 원한의 문을 지키는 이즈코는 묻는다. 당신은 이대로 천국으로 가거나, 한 명을 죽이고 지옥으로 떨어지거나 둘 중 하나를 선택할 수 있다고. 모두 거부할 수도 있지만, 그렇다면 영혼 그대로

《스카이 하이》(2001)

이승을 떠돌게 된다. 복수를 선택한다면, 영혼은 초자연적인 방법으로 악인을 응징하고 지옥으로 간다.

많은 괴담은 현실을 떠도는 영혼의 이야기다. 살아 있는 사람이 우연히 귀신을 만나게 된다. 귀신이 머물고 있는 장소, 떠도는 공간에서 주로 경험한다. 대부분의 영혼은 살아 있는 사람과 상관없이 존재한다. 특별하게 해를 끼치지도 않는다. 그저 존재할 뿐이다. 인간과 영혼이 살고 있는 세계는 다른 차원이고, 서로 간의 커뮤니케이션도 쉽지 않다. 무당이나 영적 능력이 뛰어난 소수만이 영혼과 대화가 가능하다. 물론 과학적으로 입증된 것은 아니다.

× CUT ×

악령
퇴치법

보통의 유령, 귀신은 인간에게 해를 끼치지 않는다. 그냥 자신이 죽었거나 오래 머물렀던 공간에 계속 존재할 뿐이다. 생전에 자신이 아끼던 것, 혹은 모종의 이유로 특정한 물건과 함께하기도 한다. 오래된 물건에 귀신이 붙어 있다고 하는 경우가 이런 것이다.

현실에서 귀신을 보게 된다면, 되도록 못 본 척하는 것이 좋다. 일반적인 귀신이라면 아는 척하건 말건 그냥 자기 할 일만 하고 사라진다. 늘 하던 행동을 반복하는 것이다. 하지만 악령이라면 다르다. 자기를 볼 수 있다는 것을 눈치채면, 다가와서 말을 건다. 유심히 들여다본다. 그리고 뭔가 상호 작용을 하려고 한다. 애초에 인간과 상호 작용을 하려는 귀신은 일반적이지 않다. 각자의 영역이 정해져 있기에 서로를 본다 해도 스쳐 지나갈 뿐이다. 특별한 악의가 있거나 인간의 에너지를 잡아먹고, 기를 빨아먹는 귀신들이 해를 끼친다.

하지만 보이는 것만으로 악령을 구분하기란 쉽지 않다. 끔찍한 외양을 지니고 있지만 단지 죽었을 때 생긴 상처일 수도 있다. 그런가 하면 처음 보기에는 멀끔한 인간과 다름없지만, 본색을 드러내며 갑자기 입이 찢어지거나 손톱이 자라나고 몸이 뒤틀린 형상이 될 수도 있다. 그러니까 혹시 귀신을 보았다면, 모르는 척하고 스쳐 지나가야 한다.

귀신이 보이기 전에 나타나는 징조 같은 것이 있

다. 일반적으로 기온이 떨어진다. 서늘한 기운이 느껴지는 것만이 아니라 정말 하얀 입김이 나올 정도로 싸늘해진다. 멀쩡하던 조명이 흔들리는 경우도 있다. 혹은 껌뻑껌뻑하면서 불이 들어왔다 나갔다를 반복하거나 아예 꺼져버린다. TV나 리디오를 틀어두었다면 갑자기 신호가 끊어지고 치지직거리는 소음만이 남는다. 개나 고양이가 한곳을 응시하며 으르릉대거나 아예 꼬리를 말고 구석으로 숨어버린다. 이런 경우가 생긴다면 신경을 곤두세우고 조심하면서, 무언가가 나타나는 것 같으면 아예 모르는 척, 못 느끼는 척하면서 평소 하던 행동을 해야 한다. 책을 보거나, 혼잣말을 하는 등 보지 못한 척하는 것이다.

간혹 귀신이 보일 수 있다. 소리를 지르고 싶고, 달아나고 싶어지겠지만 제일 좋은 방법은 아무것도 모르는 척 조용히 지나가거나 가만히 있는 것이다. 혹시 말을 걸어도 안 들리는 척하는 것.

저 너머에 지옥이 있다

우주는 인간의 상념이 만든 천국? 지옥?

S#4.

Story of Cthulu

1931년, 미국의 미스캐토닉 대학의 탐사단이 남극에 도착한다. 아직 남극에 인간의 발이 거의 닿지 않았던 때였다. 지질학, 생물학 등 여러 분야의 교수들이 이끄는 탐사단은 저마다 남극 조사를 시작한다.

생물학과 레이크 교수의 북서 지역 탐사단은 정체를 알 수 없는 화석을 발견한다. 지금까지 인류가 알고 있던 생명체의 진화 과정으로 설명할 수 없는 화석이었다. 그런데 조사를 이어가던 북서 지역 탐사단이 무언가의 습격을 받고 모두 사망하는 사건이 벌어진다. 참사를 알게 된 나머지 인원은 철수를 결정한다.

그러나 탐사단의 중심인 지실학과 교수 다이어는 아직 인간의 발이 닿지 않은 남극 깊숙한 곳의 산맥을 조사하려 한다. 조수 댄포스와 함께 비행기를 타고 공중 정찰에 나선 다이어는 산맥 저편에서 놀라운 것을 발견한다. 수만 년 전, 인간이 아닌 존재에 의해 만들어진 거대한 도시 유적이었다.

남극의 초고대 유적은 외계에서 온 '올드 원Old One'이라는 존재가 건설했다. 올드 원이 지구에 도착한 것은 어떠한 생명체도 생겨나기 전인 수억 년 전이다. 처음으로 지구를 지배했던 올드 원은 크툴루, 쇼거스, 미고 등 초자연적인 존재와 그들 종족과 싸우다가 남극으로 도망치고, 바닷속으로 들어가 버렸다.

탐험대가 이 유적을 발견하면서 남극의 올드 원은 다시 깨어난다. 화석이 되었으나 자신을 해부하는 인간으로 인해 깨어난 뒤 분노하여 모두 죽여버린다. 그렇게 깨어난 올드 원은 다시 쇼거스에게 죽임을 당한다. 마지막으로 살아남은 다이어 교수와 댄포스도 광기에 사로잡혀 미쳐버린다. 인간으로서는 도저히 이해할 수 없고, 대적할 수도 없는 존재들이 우주에는 가득하다. 다이어와 레이크 교수는 열지 말아야 할 문을 연 죄를 지었고, 대가는 끔찍한 죽음을 맞이하거나 광인이 되는 것이었다.

Case 1.
크툴루 신화

『광기의 산맥』은 크툴루 신화를 시작하고 그 체계를 세운 H.P. 러브크래프트 Howard Phillips Lovecraft (1890~1937)의 장편 소설이다. 러브크래프트가 '크툴루 신화'를 분명하게 정의하고 그려낸 것은 아니었다. 『광기의 산맥』, 『찰스 덱스터 워드의 사례』, 『크툴루의 부름』, 『인스머스의 그림자』 등의 소설에는 크툴루, 니알라토텝, 데이곤, 하이드라, 요그 소토스 등 사악한 신들과 그들이 출몰하는 마을 아캄, 죽음의 책인 『네크로노미콘』 등 이계의 신과 고대의 괴물이 존재하는 세계가 얼추 그려져 있다. 이 세계관을 러브크래프트의 친구이자 동료 작가인 오거스트 덜리스(1909~1971)가 체계적으로 정리하여 일관된 신화로 만들었다. 크툴루 신화는 느슨하게 엮인 편이라 여전히 다양하게 해석되어 변주한 작품들이 등장한다.

H.P. 러브크래프트(1890~1937)

크툴루 신화에 나오는 신은 초자연적인 능력을 가진 외계, 이계의 존재에 가깝다. 『크툴루의 부름』에서 크툴루는 문어 같은 머리에 박쥐의 날개를 가진 모습이다. 크툴루와 외계에서 온 신들은 미끌미끌하고 축축한 피부를 가지고 있다. 23 성운의 '조스'란 별에서 태어나 이미 지구에 살았던 '올드 원Old One'과 대립하여 싸운다. 크툴루는 '외계의 신Outer Gods'이라고 불린다. 태평양에 존재했던 무 대륙에서 거석으로 된 도시를 만들었던 크툴루는 지각 변동으로 바다 밑에 가라앉아 잠들었다. 크툴루가 잠들어 있는 해저 도시 르뤼에R'lyeh는 가끔 물 위로 모습을 드러내기도 한다. 해저에 가라앉은 크툴루의 텔레파시가 인간에게 영향을 끼친다는 이야기가 『크툴루의 부름』에 나온다. 덜리스가 체계화한 설정에 따르면 크툴루는 물, 니알라토텝은 흙, 크투가는 불, 하스터는 바람을 상징한다.

올드 원도 크툴루 이전에 지구에 온 외계의 존재다. '이스의 위대한 종족Great Race of Yith'도 선주자다. 그들은 오랫동안 지구에 '선주민'으로 있었고, 인간은 그들을 숭배해왔다. 영화로도 만들어진 클라이브 바커의 단편 소설 「미드나이트 미트 트레인」에는 심야의 지하철에서 사람을 죽여 깊은 지하로 시체를 가져가 선주민에게 먹이는 이야기가 나온다. 크툴루와 이런 종족들의 싸움은 '크툴루의 사생아The Star-spawn of Cthulhu'가 옛 존재의 도시들을 전면 공격하는 전쟁으로 확장되었다가 휴전 협정을 맺는다. 무 대륙은 크툴루, 나머지는 옛 존재들이 지배하는 것이다.

지금 우리가 사는 세계는 선주민들의 지배하에 있다. 인간의 종교에 등장하는 신이 선주민인 셈이다. 인도 신화에서 신들이 전쟁을 벌이는 상황을 크툴루 신화에 비유할 수도 있겠다. 그리스 신화에 거인족과 싸워 세계의 지배자가 되는 신의 이야기가 있는 것처럼, 초월적인 힘을 가진 다른 존재와 싸워서 '세계'를 쟁취하는 신화는 많다. 클라이브 바커의 영화 〈심야의 공포〉에는 요정과 괴물 등 '밤의 존재'가 인간 이전에 지구를 지배하고 있었지만, 시간이 흐르면서 패배한 뒤 '잊혀진 존재'가 되어 이야기, 혹은 꿈속에 출몰한다는 설정이 나온다.

Case 2.
코스믹 호러

악령, 악마를 신과 대립하거나 신에게 버림받은 영적인 존재로 보지 않고 독립된 외계의 존재로 그리는 세계를 '코스믹 호러Cosmic Horror'라고 부른다. 폴 앤더슨의 영화 〈이벤트 호라이즌〉은 '지옥은 죽어서 가는 곳이 아니라 이 우주의 어딘가에 있는 공간, 행성'이라고 말한다.

리들리 스콧 감독의 〈에이리언〉, 〈프로메테우스〉, 〈에이리언 커버넌트〉 속 엔지니어와 에이리언의 설정은 코스

<좀비오>(1985) &
<네크로노미콘>(1993)

믹 호러의 세계를 보여준다. <에이리언>의 시나리오를 쓴 댄 오배넌은 코믹 좀비물 <바탈리온>의 감독으로도 유명하다.

러브크래프트가 구상한 코스믹 호러의 팬이었던 댄 오배넌은 뱀파이어를 외계에서 온 존재로 설정한 토브 후퍼의 <뱀파이어> 시나리오를 썼고, 러브크래프트의 『찰스 덱스터 워드의 사례』를 각색한 영화 <어둠의 부활>도 연출했다. 코스믹 호러의 원류라고 할 수 있는 러브크래프트의 소설은 영화로도 많이 만들어졌다. 브라이언 유즈나가 제작하고 스튜어트 고든이 연출한 <좀비오>, <지옥 인간>, <데이곤>

은 모두 러브크래프트 원작이다. 〈좀비오〉의 원작인 「시체를 되살리는 허버트 웨스트」는 단편집 『하워드 필립스 러브크래프트』에 실려 있다.

러브크래프트의 단편 「저 너머에서」를 각색한 〈지옥 인간〉은 뇌를 자극하여 평소의 지각 능력으로 인식힐 수 없는 저 너머의 세계를 엿보게 된 과학자의 끔찍한 운명을 보여준다. 중편 『인스머스의 그림자』를 각색한 영화 〈데이곤〉(2001)은 배경을 과거의 미국에서 현대의 스페인으로 바꾸었다. 배가 좌초되어 표류하던 미국인들이 '데이곤'을 섬기는 스페인 마을에 가게 된다. 크툴루 신화에 등장하는 데이곤(다곤)은 일종의 양서류로, 물고기와 인간이 뒤섞인 괴물처럼 묘사되었는데 영화에서는 '촉수'가 두드러진 괴물이다.

샘 레이미의 데뷔작 〈이블 데드〉(1981)에 나온 『네크로노미콘』은 압둘 알하자드가 730년경 기록한 책으로 알려져 있다. '압둘 알하자드'는 러브크래프트가 어린 시절 『아라비안 나이트』에 빠져 만들어 낸 이름이다. 즉, 『네크로노미콘』은 러브크래프트가 소설 속에서 만들어 낸 가공의 책이고, 크툴루 신화에서는 주요하게 등장하는 마법의 책이다. 〈이블 데드〉 시리즈에서 이 『네크로노미콘』을 통해 악령을 불러내고 시체를 깨어나게 하는 등 다양한 흑마술이 가능한, 다시 말해 '죽음의 책'이다. 브라이언 유즈나, 가네코 슈스케, 크리스토퍼 강스의 〈네크로노미콘〉(1993)도 러브크래프트의 세계를 충실히 그려낸 옴니버스 영화다.

크툴루 신화를 통해 러브크래프트가 보여주려 한 세계는 '진짜 현실'이다. 우리가 살아가는 세계가 결코 견고하지 않고, 우리가 보는 것 너머에 다른 무엇이 존재하고 있다고 말한다. 평범한 감각으로 볼 수 없는 '진짜 현실'을 보게 된다면 현실의 감각, 나의 자의식은 완전히 무너져 내린다. 현실이 무엇인지 알 수 없고, 내가 누구인지조차 알 수 없게 되니까. 그래서 코스믹 호러의 세계에서 미지의 존재를 만나게 된 인간은 아무것도 할 수 없다. 절대적인 공포와 무력감의 세계가 바로 코스믹 호러다.

× CUT ×

크툴루의 괴물을 만난다면?

러브크래프트의 소설에 따르면, 올드 원이나 크툴루를 만나게 되면 인간은 아무것도 할 수 없다. 힘과 능력의 차이가 너무나 크기 때문이다. 마치 인간과 개미의 싸움 정도라고 할까.

크툴루 신화 속의 괴물들은 엄청난 능력을 가지고 있지만, 그럼에도 초월적인 존재는 아니다. 올드 원,

크툴루, 이스의 위대한 종족 등은 서로 싸우면서 이기고 지기를 거듭한다. 완벽하게 모든 것을 압도하는 절대적인 존재는 아니다.

러브크래프트의 영향을 받은 스티븐 킹의 소설 『미스트』를 각색한 영화 <미스트>(2007)는 강력한 힘을 가진 미지의 괴물과 싸우는 인간을 보여준다. 안개가 도시를 뒤덮으면서 함께 나타난 괴물들은 너무나 강력하다. 쇼핑몰에 갇힌 사람들은 함께 싸우다가 분열이 생기고, 결국은 흩어져 버린다. 인간이 괴물을 압도할 방법은 없는 것처럼 보인다. 결국 개인이 크툴루 신화의 괴물에 대적하는 것은 불가능하다.

하지만 영화 <미스트>의 결말은 미묘하다. 안개와 함께 나타난 괴물들은 강력한 무기를 앞세운 군대에 의해 퇴치된다. 괴물들이 더 많이 몰려들고, 더 강력한 다른 존재가 나타난다면 모르겠지만 어느 정도 대적할 수는 있다.

쿠리모토 카오루의 소설 『SF 수호지』(원제는 『마계수호전』)는 지구를 침공한 크툴루의 괴물에 맞서 인간과 요괴들이 힘을 합쳐 싸운다는 설정이다. 여기서 요괴는 인간 이전부터 지구에 살고 있던 선주자들이라고 한다. 인간의 힘이 강해지면서 섞여서 살았지만 강력한 힘을 가지고 있는 존재들.

크툴루의 괴물에 맞서기 위해서는 두 가지가 필요한 것으로 보인다. 하나는 인간이 아닌 다른 존재들 그러니까 요괴나 요정, 신화 속 영웅과 괴물들이고, 다른 하나는 첨단 무기다. 총이나 기관총 정도로는 힘들 테지만, 미사일이나 핵무기 정도라면 크툴루의 괴물과 전투를 벌이는 것은 어느 정도 가능할 듯하다.

지구 밖의 존재들

외계인은 살아 있다

S#5.

Story of Mars

1938년, 미국의 라디오에서 화성인의 침공을 알리는 긴급 방송이 시작된다. 첫 긴급 뉴스는 화성에서 폭발이 일어났다는 소식이었다. 한 시간 동안 음악이 나오는 중간마다 속보가 이어졌다. 화성에서 나온 무언가가 유성이 되어 지구에 떨어졌다. 땅속 깊숙이 박힌 유성에서 이상한 소리가 흘러나오더니 마침내 무언가가 튀어나와 사람들에게 알 수 없는 광선을 발사하기 시작했다. 긴 다리를 가진 화성인 로봇이 도시를 쑥대밭으로 만들었다. 독가스가 흘러나와 사람들이 쓰러져 간다. 전력 공급까지 차단되자 사람들은 패닉에 휩싸여 우왕좌왕했다.

화성에서 온 외계인은 압도석인 무기를 사용해 미국 전역의 도시들을 힘으로 점령하기 시작했다. 정부는 군대를 투입하여 전투를 벌이지만 역부족이다. 점점 패색이 짙어져 가고, 사람들은 절망하기 시작한다. 화성인에게 지구가 점령당하고, 식민지가 되는 것은 아닌지 의심하던 그때 로봇이 동작을 멈추고 쓰러지기 시작한다. 넘어진 로봇에서 긴 다리를 가진 문어 모양의 화성인이 나오더니 그대로 죽어버린다. 지구인은 승리했다. 지구인의 의지나 힘 때문이 아니라 그저 지구의 세균이 화성인에게 치명적이었기 때문이다.

Case 1.
외계에서 온 존재들

화성인의 침공은 1938년 실제로 라디오에서 방송되었

다. 다만 사실은 아니었다. 〈시민 케인〉(1941)을 만든 유명한 영화감독 오손 웰스가 라디오 방송국에서 연출한 드라마였다. H.G. 웰스의 소설 〈우주 전쟁War of the Worlds〉을 각색하여, 현재 벌어지는 사건을 전달하는 뉴스 속보 형식의 '라디오 극'이었다.

방송이 시작될 때 픽션이라고 밝혔지만, 처음부터 듣지 않았거나 무심코 넘겨버렸던 청취자들은 라디오 극의 내용을 실제로 벌어지는 사건이라고 착각하여 두려워하거나, 피난을 가기도 하는 등 사회적으로 큰 반향을 일으켰다.

2차 대전이 아직 발발하기 전이었지만 미국이 나치의 위협을 충분히 인식하고 있던 때였다. 그리고 1941년, 일본이 진주만 공습을 가하면서 미국은 전쟁에 휘말린다. 그때까지도 여전히 미국의 본토를 침공한 사례는 없었지만, 위기감은 있었다.

오슨 웰스의 〈우주 전쟁〉 라디오 극이 방송되던 시점은 전쟁 전야의 긴장감이 극도로 높아져 있을 때였다. 당시의 아슬아슬한 상황은 스티븐 스필버그의 코미디 영화 〈1941〉에도 잘 그려져 있다. 〈우주 전쟁〉은 화성인을 공포의 대상으로 설정했다. 이전까지 화성인은 두려운 존재라

<지구가 멈추는 날>(1951) & <우주 전쟁>(2008)

기보다 경외의 대상이었다. 붉은색으로 떠오르는 행성이기 때문에 동양에서는 불을 뜻하는 화火를 써서 화성이라 불렀고, 그리스에서는 전쟁의 신인 아레스Ares, 로마에서는 마르스Mars라고 불렀다. 더 이전으로 가면 바빌로니아에서는 네르갈Nergal('위대한 영웅' 또는 '전쟁의 왕', 원뜻은 '커다란 집의 주인')이라 칭했고, 이집트에서는 'Har Decher(붉은 것)' 혹은 '죽음의 별'이라고 불렀다. 아마도 피와 죽음을 연상시키는 붉은색 때문이겠지만 화성에 대한 이야기는 유난히 전쟁, 죽음과 연관된 것이 많다.

화성에 외계인이 있다는 상상은 19세기 말부터 시작되었다. 이탈리아의 천문학자 조반니 스키아파렐리는 1877년 화성에서 'Cannali(거대한 홈)'를 발견했다고 발표했다. 단어의 정확한 영역은 'Channels'였지만 당시 화제였던 수에즈 운하 때문인지 운하Canals로 번역되었다. 인공적으로 만들어진 '운하'라는 오해가 퍼져 나가면서 화성에 가는 사람들과 화성에서 지구로 온 외계인의 이야기가 등장하기 시작했다. 1912년 에드거 라이스 버로스의 스페이스 오페라 〈화성의 프린세스〉가 등장했다. 수수께끼의 게이트를 통해 미국인이 화성에 가서 영웅이 된다는 이야기다. 각색된 영화 〈존 카터〉(2012)는 저평가되었지만 '우주 활극'으로서는 나름 즐겁고 흥미롭다.

화성인에 대한 공포는 1950년대가 되면서 일반적인 외계인을 대상으로 확장된다. 〈지구가 멈추는 날〉(1951), 〈지구 대 비행접시〉(1956), 〈신체 강탈자의 침입〉(1956) 등은 다양한 방식으로 외계인의 지구 침략을 그리고 있다. 당시 외계인이 공포의 대상으로 떠오른 데는 시대적인 이유가 있다. 2차 대전 당시, 항공기 조종사를 비롯하여 수많은 사람들의 UFO 목격담이 전해지며 외계인을 향한 관심이 증폭되었다. 미국과 소련의 냉전이 격렬해지면서, 거대한 힘을 가진 존재가 모든 것을 파괴할 것이라는 공포가 미국 사회를 사로잡았다. 특히 잭 피니의 소설을 각색한 영화 〈신체 강탈자의 침입〉은 미국을 사로잡은 소련 공산주의와 핵무기의 공포를 적나라하게 은유한 것으로 평가된다. 외계에서 온 존재가 인간의 내면을 파고들어 의식을 조종한다. 어느 순간 이웃, 친구, 아내와 남편이 내가 모르는 다른 존재로 변해버린 것이다. 세상은 이미 외계인들이 차지했다.

Case 2.
폭력적인 외계인에 대한 공포

이것은 매카시즘의 은유이기도 하다. 50년대 초반 상원의원 조지프 매카시는 국무성에 공산주의자 200여 명이 있고, 사회 각 분야에 미국의 배신자인 공산주의자들이 암약하고 있다고 주장했다. 그러자 곳곳에서 공산주의자를 색출하는 마녀사냥이 시작되었다. 매카시즘은 '우리와 다른 자들이 우리 안에 있다'며 야비한 정치 선동을 했다. 타자를 배제하고 집단적 공격성을 부추기는 행태는 나치의 유태인 학살을 비롯하여 수없이 반복된 역사였다.

〈신체 강탈자의 침입〉은 외계인을 공산주의자에 빗대고 있다. 어느 순간 곁에 와서 사람들을 세뇌시키고 피도 눈물도 없는 냉혈한으로 바꾸어 버린다는 것. 겉으로 보기에는 똑같지만, 그들은 이미 인간이 아니라는 것. 하지만 리메이크된 〈외계의 침입자〉(1978)는 소련에 대한 공포가 아니라 인간을 획일적 존재로 만들어 가는 지배층에 대한 회의와 불신을 보여준다. 개인적 감정을 드러내고, 서로 신뢰하는 것이 불가능해지는 세계에 대한 비판도 담겨 있다.

존 카펜터가 연출한 〈화성인 지구정복〉(1988)은 〈우주전쟁〉과 〈신체 강탈자의 침입〉을 더해서 만들어진 이야기 같다. 이미 화성인은 지구를 정복했다. 하지만 진실을 아는 자는 소수다. 탄광에서 일하다 실직한 멕은 LA에 와서 한 신부를 만난다. 신부는 외계인이 지구를 침공했고, 모두 멸망할 거라고 주장한다. 헛소리라고 생각했지만, 우연히 구한 선글라스를 끼고 세상을 보자 다른 풍경이 펼쳐진다. 미국을 지배하는 상류층은 이미 모두 화성인이었고, 갖가지 세뇌를 통해서 인간을 무력화시키고 있었다.

<신체 강탈자의 침입>(1956)

외계인 침공이 두려운 이유는, 아직 화성에도 가지 못한 지구인보다 외계인이 우월한 문명을 가지고 있을 것으로 여겨지기 때문이다. 성능 좋은 총과 대포를 가진 유럽인이 아메리카 대륙의 원주민들을 학살하고 식민지화한 역사가 외계인에 의해 반복되지 않을까? 외계인이 지구를 침공하고 식민지로 삼는다는 상상이 충분히 가능하기 때문이다. 즉 폭

<프로메테우스>(2012)

력에의 공포, 지배에 대한 공포이다. 그래서 <인디펜던스 데이>(1996) 이후에는 외계인과 지구인의 전투, 전쟁을 그리는 설정의 영화가 많이 등장한다. 일방적인 침략이 아니라 전쟁을 벌일 것이라고 상상한 것이다.

하지만 진짜 무서운 것은 에이리언 아닐까? 리들리 스콧의 <에이리언>(1979)은 진공 상태에서도 생존하고, 산성 침을 흘리며 모든 생명을 파괴하는 외계 생명체를 그린다. 이후 <프로메테우스>(2012)에서 '엔지니어'라 불리는 외계인이 다른 행성의 존재들을 파괴할 목적으로 만든 생명체가 에이리언이라는 설정이 나온다. 그야말로 파괴의 신을 만든 것이다. 이런 존재가 우주에 존재한다면, 그리고 그 에이리언이 지구로 온다면 그것이야말로 진정한 공포가 아닐까? 인간이 도저히 대적할 수 없는 압도적인 힘을 가진 존재, 인간이 감히 맞설 수 없다는 점이 바로 공포인 것이다.

× CUT ×

외계인을
만난다면?

 2005년 리메이크된 <우주 전쟁>을 보면, 일반인이 외계인을 만났을 때 공격할 수단은 거의 없다. 아무런 무기나 보호 장비 없이 1대 1로만 붙는다면 가능할 수도 있겠지만, 화성인의 무기는 지구의 것보다 월등하다. 그러니까 혼자 지구를 헤매는 외계인이 아니라면 피하는 것이 상책이다.

군대가 나선다면 어느 정도 전투는 가능하다. <배틀쉽>(2012), <월드 인베이젼>(2011) 등의 영화에서는 지구의 군대가 외계인과 대규모 전쟁을 벌인다. 미사일, 핵무기 등을 이용하면 어느 정도 대적할 수 있을 것처럼 보였다.

그러나 2010년대 외계인과 전쟁을 벌이는 영화와 드라마는 꽤 나오다가 점점 사라졌다. 사실 외계인이 지구를 침략한다면 지구인이 승리할 가능성은 크지 않다. 중국의 걸작 SF 소설을 원작으로 만든 넷플릭스 시리즈 <삼체>만 해도, 외계인의 과학과 기술은 지구를 압도적으로 능가한다. 지구의 모든 나라가 연합하여 대책을 찾는다고 해도 방법은 거의 없다.

시간이 흘러 지구의 과학과 문명이 훨씬 더 발전한다면 가능할 수 있다. <스타십 트루퍼스>(1997), <엣지 오브 투모로우>(2014) 등의 영화에서는 외계인과 어느 정도 대적이 가능한 지구의 군대를 보여준다. 고전 걸작이며, 지금도 계속 만들어지고 있는 <스타 트렉> 시리즈는 외계의 문명과 상호 교류하고 때로 전쟁도 벌이는 지구인을 그리고 있다.

그나마 전쟁이라도 벌일 수 있는 수준의 외계인이라면 좋겠지만 에이리언, 나아가 크툴루의 괴물 같은 존재를 만난다면 그야말로 '공포'의 순간이 될 것이다. <이벤트 호라이즌>(1997)은 우주에서 만난 존재를 통해 경험하는 '지옥'을 그린 영화다.

흔히 상상하는 외계인의 능력 중 하나가 인간의 마음을 읽고 가장 두려워하는 순간을 재현하는 것이다. <이벤트 호라이즌>에서도 실종되었던 우주선 '이벤트 호라이즌'을 찾은 사람들이 '악몽'을 꾸는 장면들이 나온다. 환각을 보면서, 서로 고문하고 죽인다. '이벤트 호라이즌'은 우주의 지옥 문을 열어버린 것이다. 지옥 문을 연 순간, 인간이 할 수 있는 행동은 아마도 비명과 탄식밖에 없지 않을까.

요괴와 좀비, 다른 존재들

Weird, Grotesque

어두워지면 그들이 찾아온다

어둠 속의 존재, 이형의 존재들

S#1.
Story of Troll

노르웨이의 영화학과 대학생 토마스는 다큐멘터리를 만들기 위해 요한나, 우르밀라와 함께 '랜드로버를 타고 다니는 밀렵꾼'을 추적한다. 그는 소문은 무성하지만, 누구도 정확한 정체를 알지 못하는 수수께끼의 인물이었다.

한편 시골 마을에서 가축이 사라지고 울타리와 건물이 부서지는 등 의문의 사건이 연속적으로 발생하자, 정부에서는 야생 곰이 문제를 일으킨 것이라고 발표한다. 하지만 지역 사냥꾼들은 그 말을 믿지 않는다. 토마스 일행도 밀렵꾼을 찾기 위해 숲으로 들어간다. 그들 역시 정부의 공식 입장은 신뢰할 수 없다. 뭔가 이상한 일이 벌어지고 있었다.

결국 토마스는 랜드로버를 몰고 다니는 밀렵꾼, 한스를 만난다. 처음에 그는 토마스 일행을 위협하며 쫓아내려 하지만, 끈질기게 쫓아오는 토마스에게 촬영을 허락한다. 노르웨이 해군 출신인 한스는 트롤을 쫓고 있다고 말한다. 트롤이라니, 〈해리 포터〉 시리즈에 등장하는 거대하고 포악한 괴물 말인가?

트롤은 인간이 존재하기 이전부터 지구에 있었던 생명체다. 인간과 동물의 성질이 섞인 존재라고 생각하면 되고, 수명은 천 년이 넘으며, 지능은 종류에 따라 다르다. 트롤의 종류는 두툼한 몸에 짧은 꼬리를 가진 레글펀트, 머리가 셋인 투셀라드, 기다란 털로 뒤덮인 도브레구벤, 50미터가 훌쩍 넘는 거대한 덩치의 요트나 등이 있다.

정부는 트롤의 존재를 알고 있으며, 전기 담장이 둘러진 보호 구역에서 은밀하게 관리하고 있었다. 하지만 일부 트롤이 탈출했고, 시민들이 알아채기 전에 회수하거나 처치하려 했다. 한스가 정부에게서 받은 임무는 트롤을 추적하여 제거하는 것이었다. 토마스 일행은 한스와 함께 트롤 사냥에 나서 현장을 목격하고, 카메라에 담는다.

하지만 정부는 토마스를 위협하며 트롤의 정체를 감추

<트롤헌터>(2010)

려 한다. 이유는 확실하지 않다. 트롤을 이용하여 다른 음모를 꾸미고 있는 것인지, 단지 이형의 존재가 지구에 존재하는 것을 숨기려 하는 것인지. 정부 관료는 토마스에게 당장 위험 지역에서 나가라고 명령한다. 그리고 그의 카메라를 압수하려 한다.

다큐멘터리 촬영 감독인 우르밀라는 도브레구벤에게 잡아먹히고, 요한나는 경찰에 체포된다. 토마스는 겨우 현장에서 도망치지만, 이후 행적은 밝혀지지 않았다.

지구에 존재하는, 인간이 아닌 존재들의 정체는 각국 정부에 의해 철저하게 은폐되어 있다.

Case 1.
이형의 존재들

노르웨이 영화 〈트롤헌터Trolljegeren〉(2010)는 트롤을 쫓는 사람들의 이야기를 페이크 다큐 형식으로 보여준다. 페이크 다큐는 실제 상황을 보여주는 다큐멘터리의 형식을 차용해 만든 영화를 말한다.

트롤이 대체 뭘까? 트롤Troll은 북유럽 신화에 등장하는 요정의 하나다. 요툰헤임에 살던 거인이 신과의 싸움에서 패하여 동굴에 숨어 살게 되었고, 무능한 트롤이 되었다고 한다. 머리는 나쁘지만 신기한 마법을 부릴 줄 안다. 인간의 아이와 트롤의 아이를 바꿔치기하는(체인질링) 등 나쁜 장난을 많이 친다. 신화 속 전설에 나오는 존재이기 때문에 외양이나 능력 등은 조금씩 다르다. 포악한 괴물로 묘사되기도 하는 반면, 토베 얀손이 창조한 '무민Moomin'도 트롤의 일종이라는 점을 참고하면 그 설정은 무척이나 다양하다. 초기의 무민 삽화는 기괴한 외양으로 그려지다가 점점 하마를 연상시키는 둥글고 통통한 모습으로 변했다.

트롤은 정말 있을까? 과학적으로 말하자면 없다. 하지만 서양에서 요정(Fairy)은 신화와 전설, 판타지에서 끊임없이 반복되는 인간과 신의 중간 존재로 여겨진다. 〈피터 팬〉에 나오는 날개 달린 웬디가 '페어리'의 전형적인 모습이지만, 요정 역시 종류와 능력은 아주 다양하고 인간과의 관계도 복잡하다. 전설과 민담 등에 등장하는 요정들은 이후 톨킨의 소설 『반지의 제왕』의 엘프, 드워프, 오르크, 호빗 등으로 재창조되면서 판타지 장르의 주요 캐릭터로 확장된다.

〈반지의 제왕〉 시리즈의 엘프와 드워프, 〈해리 포터〉 시리즈의 도비 그리고 럼펠스틸스킨, 레프러콘, 그렘린, 밴시 등 다양한 캐릭터가 등장했다.

Case 2.
동양의 요괴

서양에 요정이 있다면, 동양에는 요괴가 있다. 요괴를 일컫는 말은 중국과 일본에서도 다양하다. 중국의 『산해경』과 『요재지이』 등에 나오는 진기한 생물은 요괴, 정괴精怪, 요얼妖孼 등 다양하게 불리고 일본에서는 요마妖魔라는 말도 쓰인다. 한국의 도깨비와 장산범, 일본의 텐구와 갓파, 중국의 구주삼괴와 온 등을 통칭 요괴라 한다. 요정과 요괴는 귀신과 다르게 영적 존재가 아니라 육체를 가진 존재다.

요괴는 인간이 아닌 다른 존재를 말하는데, 몇 가지 유형이 있다. 태어날 때부터 요괴인 경우도 있고, 사람이 요괴가 되거나 동물과 식물, 사물이 요괴로 변하기도 한다. 텐구와 갓파는 트롤처럼 애초에 요괴로 태어난 존재다. 빗자루, 벽, 가발 등의 사물이 인간과 함께 오랜 시간을 보내면서 요괴가 되기도 한다.

일본의 대표적인 요괴 만화가 미즈키 시게루의 원작을 각색한 영화 〈요괴대전쟁〉에는 사람들이 더 이상 사용하지 않게 된 사물들이 요괴로 변하는 설정이 나온다. 장난감을 비롯하여 우산이나 필기구나 의상 등이 사람의 애정을 한껏 받다가 버려지면 마음이 전이되어 '다른 존재'가 되는 것이다.

〈천녀유혼〉의 나무 요괴는 동식물이 오랜 시간을 거치면서 요괴로 변하는 경우에 해당된다. 태어날 때부터 아홉 개의 꼬리를 달고 태어난 구미호는 태생적인 요괴지만, 뱀과 너구리 등이 수백 년의 세월을 거치면 신비한 능력을 가진 요물, 요괴가 된다고도 한다.

또한 인간의 감정이 극단적으로 치달으면, 인간 자체가 요괴로 변해버린다. 유메마쿠라 바쿠의 소설을 각색한 영화 〈음양사〉에는 질투가 극에 달하자 스스로 오니가 되어버린 여인이 나온다. 극한의 마음 때문에 아름답던 그녀는 눈과 입이 찢어지고 머리에 뿔이 난 오니로 변한 것이다.

때로는 극단적인 감정 자체가 하나의 생령이 되기도 한

다. 그러니까 일본의 요괴는 인간이 아닌 다른 존재에 대한 통칭이라고 볼 수 있다.

Case 3.
서양의 요괴

근대까지만 해도 인간은 요정, 요괴 등 다른 존재들과 함께 살아왔다. 지금은 눈으로 볼 수 없거나 과학을 통해 증명되지 않는 존재는 믿지 않는다. 그렇기에 설인, 사스콰치, 추파카브라 등은 여러 목격담이 나왔음에도 존재하지 않는 미지의 생물이다.

설인은 히말라야 산맥에 주로 서식한다고 알려진 괴생명체다. 예티Yeti라고도 불린다. 큰 몸집에 온몸이 털로 덮여 있으며, 유인원 같기도 해서 다른 인간 종이라는 주장도 있다. 눈밭에 남겨진 커다란 발자국이 발견되면서 알려졌는데, 과학적으로는 티베트곰이나 흰옷을 입은 사람을 착각한 것이라고 본다.

사스콰치Sasquatch는 북아메리카, 캐나다와 미국의 삼림

지대에 서식한다고 알려진 털북숭이 유인원이다. 미국에서는 빅풋Bigfoot이라고도 불리며, 거대한 발자국이 발견된 경우도 많았다. 직립 보행을 하고, 키가 2~3미터에 달하고 몸 전체가 짙은 털로 덮여 있다고 목격자들은 말한다. 사스콰치, 빅풋에 대한 목격담은 서부 개척 시대부터 꾸준히 이어져 왔다.

추파카브라Chupacabra는 미국 남부와 푸에르토리코를 비롯한 라틴 아메리카 지역에서 주로 목격되는 미확인 동물이다. 스페인어로 '염소(Cabra)를 빨아먹는 자(Chupa)'라는 뜻이다. 외양은 다양하게 묘사되는데, 날카로운 송곳니, 털이 없는 검은 피부, 큰 눈, 등에 가시처럼 생긴 돌기 등이 주로 언급된다. 일부 목격자는 캥거루처럼 두 발로 걷는다고도 한다. 1995년, 푸에르토리코에서 염소의 괴이한 죽음이 잇따르면서 처음으로 보고되었다. 피를 빨린 가축의 목에는 2~4개의 구멍이 나 있었다. 대부분의 생물학자들은 추파카브라를 도시 전설로 여기지만, 일부에서는 기생충에 감염된 코요테나 너구리 혹은 유전자 조작 실험에서 도망친 동물이라는 등 다양한 가설을 제기한다.

과거 이야기에 나오는 요정과 요괴는 단지 상상의 산물

인 것일까? 혹은 과거에 존재했지만, 지금은 사라진 생물인 걸까? 인간(호모 사피엔스) 또한 한때 네안데르탈인, 크로마뇽인, 데니소바인 등 다른 종과 공존하다가 모두 멸종하면서 유일하게 살아남았다. 요정과 요괴도 시간이 흐르면서 멸종한 건 아닐까?

Case 4.
어둠 속의 존재

〈미드나이트 미트 트레인〉의 원작 소설을 쓴 소설가이자, 〈헬레이저〉의 감독인 클라이브 바커는 영화 〈심야의 공포Nightbreed〉(1990)에서 흥미로운 이야기를 펼친다. 에런 분은 어느 순간 자신이 연쇄 살인자라고 믿게 된다. 자신도 이해할 수 없는 사건들이 주변에서 계속 벌어졌기 때문이다. 경찰, 정신과 의사 등을 피해 도망치던 에런은 폐허가 된 묘지에 들어가고, 그곳에서 기묘한 존재들을 만난다. '심야의 공포'라고 불리며, 인류를 피해 어두운 곳에 숨어 사는 괴물과 추방자들이었다.

간단히 말해, 밤의 종족 정도다. 영화에 따르면, 태초에 인간과 밤의 종족은 공존했다. 함께 살면서 어울리기도, 싸우기도 했다. 하지만 인간은 공존하는 게 아닌 유일한 존재가 되기를 원했고, 밤의 존재들을 공격하고 몰아냈다. 결국 그들은 인간의 눈에 띌 만한 곳에서 사라진 뒤, 인간의 힘이 약해지는 밤에만 나타나며 인간의 악몽을 들쑤셨다. '밤의 종족'은 인간에 의해 추방된 다른 존재들인 것이다. 가장 포악하고 폭력적인 크로마뇽인이 네안데르탈인과 데니소바인 등 모든 사피엔스를 멸종시킨 것의 은유가 아닐까? 〈심야의 공포〉를 참고한다면, 요정과 요괴는 인간과 공존하다가 언젠가부터 눈에 띄지 않는 어딘가에 숨어들어 은밀하게 살아가는 존재일 수도 있다.

제프 롱의 소설 『디센트』는 동굴로 들어간 탐험대가 지하 세계를 발견한다는 이야기다. 지하 세계는 엄청나게 거대할 뿐 아니라 인간이 아닌 다른 존재가 그곳에서 문명을 이루어 살고 있었다. 한때 지상에 살았지만, 어떤 이유로 지하에 내려가 그들만의 세계를 만든 것이다. 그런데 그들은 인간에게 '악마'라고 불리는 외양을 가지고 있었다. 그들에 대한 기억은 여전히 인류에게 남아 있었고, 가끔 지하에서 지상으로 올라온 그들이 인간의 악몽을 일깨워 주는 것이다. 즉 지하, 밤, 어둠의 영역에서 살아가거나 지배하는 존재가 있다는 상상에 기반한 이야기다. 이형의 존재들이 인간의 눈에 보이지 않는 어딘가에서 살아가고 있다. 그것이야말로 현대를

<심야의 공포>(1990)

배경으로 하는 모던 판타지에 자주 등장하는 설정이다.

인간은 자신과 다른 존재를 두려워한다. 다른 생각을 가진 존재도 마찬가지다. 인간과 다른 생김새로, 인간처럼 말하거나 행동한다면 우선 두려움을 가질 것이다. 혹은 외양은 똑같은데, 기이한 동작을 하거나 전혀 다르게 움직인다면 또한 공포에 질린다. 익숙하지만 다른 존재에 인간은 근원적인 공포를 느낀다. 요정이나 요괴는 물론이고 내가 아닌 다른 자, 타자에 대한 공포를 느끼는 감정은 인간의 원초적 속성이다.

× CUT ×

요괴
퇴치법

요괴를 만나면 보통은 한국의 무당이나 일본의 음양사처럼 다른 존재들을 다루는 방법을 알고 있는 직업을 가진 이에게 부탁하여 퇴치하는 것이 일반적이다. 불교 경전을 외우기도 하고, 거울이나 검 등 고전적인 무기를 활용하기도 한다. 특별한 기운이 담긴 물건을 사용하기도 한다.

요정, 요괴는 종류가 워낙 다양하고 제각각 능력도 달라서 퇴치하는 법은 저마다 다르지만 인간에게 크게 위협이 되지 않는다면 굳이 물리칠 필요가 없고, 공존하며 함께 지낼 수도 있다. 이를테면 엘프는 인간보다 미남, 미녀이기 때문에 굳이 퇴치할 이유가 전혀 없을 것이다. 다만 장난을 심하게 치는 요정, 요괴가 많기에 성가실 수는 있다. 트롤은 강한 빛을 쏘이면 돌로 변한다고 한다. 그렘린은 햇빛을 받으면 증발해 버린다. 어둑시니는 누군가가 그를 바라보지 않고, 관심을 주지 않으면 점점 작아져 사라진다고 한다. 물에 사는 갓파는 머리 위의 접시를 깨거나, 물에서 멀어지게 하면 건조해져 말라버린다.

요괴와 도깨비는 과거의 역사에서는 항상 인간과 함께 존재하고 있었다. 아주 깊은 숲속이나 바다가 아닌 뒷산이나 들에서 흔히 볼 수 있는 존재로 묘사되곤 한다. 그래서 특정한 종교나 핏줄로 뭉친 부족, 혹은 범죄자 등 어떤 이유로 은신하는 집단을 요괴나 도깨비로 여겼을 것이라는 주장도 있다.

인간과 괴물 사이 어딘가

바디 호러

S#2.

Story of Substance

아카데미상을 받은 스타였지만, 이제 50살이 넘은 엘리자베스는 퇴물 취급을 받는다. 오랫동안 맡았던 TV 에어로빅 쇼에서도 하차 통고를 들었다. 자신이 모델인 옥외 광고판이 철거되는 모습을 보다가 교통사고를 낸 엘리자베스는 병원의 젊은 간호사로부터 묘한 이야기를 듣는다. '더 젊고, 더 아름답고, 더 완벽한' 모습의 자신을 되찾을 수 있는 마법의 약에 관한 것이었다.

망설이던 엘리자베스는 결국 유혹에 넘어간다. 암시장에서 '서브스턴스'라는 약을 구한 엘리자베스는 주사기로 약을 주입한다. 경련을 일으키며 쓰러진 엘리자베스의 등뼈가 갈라진다. 갈라진 등에서 젊은 여성이 빠져나오고, 엘리자베스는 의식을 잃는다. 규칙이 있다. 두 개의 몸은 7일마다 의식을 교체해 주어야 한다. 비활성 상태의 몸에는 정맥 주사로 영양을 공급해 주어야 하며, 새로 태어난 몸은 매일 원래의 몸에서 추출한 안정화 용액을 맞아야 한다.

엘리자베스의 젊은 몸인 수는, 늙은 자신이 하차한 에어로빅 쇼의 오디션에 참가하여 제작자 하비의 혼을 빼놓는다. 수를 모델로 한 에어로빅 쇼를 홍보하는 옥외 광고판이 거리를 장식한다. 수가 출연하자 에어로빅 쇼의 시청률은 급등하고, 수는 대중을 사로잡는

<서브스턴스>(2024)

다. 순식간에 스타가 된 그녀는 젊음을 만끽하기 시작한다.

그러나 수는 일주일마다 사라져야 한다. 일주일 만에 깨어나 수의 활약을 확인하게 된 엘리자베스는 자기혐오에 빠져들어 폭식을 일삼는다. 수가 자신의 젊은 버전이라는 것은 알지만, 현실로 돌아올 때마다 자신은 여전히 늙은 과거의 스타일 뿐이다. 엘리자베스는 젊고 야심 가득한 수를 질투하고, 수는 늙고 무기력한 엘리자베스를 혐오한다.

어느 날, 수는 젊은 남자와 하룻밤을 보내다가 몸을 교체할 시간을 놓친다. 욕망에 넘어간 수는 엘리자베스의 척추에서 안정화 용액을 더 빼낸다. 정해진 시간을 넘겨 의식을 되찾은 엘리자베스는 자신의 육체가 망가지고 노화한 것을 알게 된다. 시간을 넘기고, 안정화 용액을 많이 빼낼수록 엘리자베스의 육체는 붕괴해 버린다. 엘리자베스는 쪽지를 남겨 수에게 경고를 하지만, 한번 욕망에 사로잡힌 수는 계속 정해진 시간을 넘기며 멋대로 행동한다.

욕망의 끝은 충분히 예상할 수 있다. 엘리자베스의 몸이 망가지는 것만이 아니라 수의 상태도 엉망이 된다. 수와 엘리자베스는 결국 하나의 몸이다. 한 쪽이 완전히 망가지면, 몰락은 함께 찾아온다. 엘리자베스는 더 이상 참을 수 없어져, 수를 제거하는 혈청을 구하여 수의 몸에 주입한다. 하지만 주입이 완전히 끝나기 전에 수가 깨어나고, 의식이 있는 상태에서 엘리자베스와 수는 격투를 벌인다. 젊은 수는, 늙은 엘리자베스를 죽여버린다.

새해맞이 쇼에 출연하기로 한 수는 곱게 분장을 하지만, 엘리자베스 없는 수의 육체 역시 망가져 간다. 뼈가 무너져 내리고, 피부가 흉측하게 흘러내린다. 이제는 수도, 엘리자베스도 아닌 '몬스트로 엘리자수'다. 가면을 쓰고 생방송 무대에 오른 수. 하지만 얼굴뿐만 아니라 전신이 이미 '몬스터'가 되어버렸다. 객석은 경악하며, 패닉에 빠진다. 몬스터는 관중들을 공격하고, 스튜디오는 피바다가 된다.

Case 1.
인간의 바디 호러

데미 무어가 열연한 〈서브스턴스Substance〉(2024)는 외모 지상주의 사회에 신랄한 풍자와 경고를 던진다. 현대 사회에서 외모는 권력으로 여겨진다. 예쁘고 잘 생겨지기 위해 성형수술을 하고, 살을 빼기 위해 약을 먹고 위장 축소 수술을 한다. 하지만 반드시 미남, 미녀가 되는 것은 아니다. 어느 정도의 보완은 가능하지만, 모든 것을 완전히 바꿀 수는 없다. 문제는 '욕망'이다. 외모의 기준을 어떻게 정할 수 있을까? 얼마나 아름다워야 미인이라 할 수 있을까? 어디까지 수술을 하고, 얼마나 살을 빼면 드디어 만족할 수 있을까? 더, 더를 원하는 욕망은 결국 자신을 파괴하고 만다.

 욕망에 사로잡힌 인간은 한계를 뛰어넘으려 한다. 자신에게 주어진 육체, 환경, 세계 등을 초월하려는 것이다. 약물이나 수술 등으로 신체를 개조하고, 일확천금을 노리며 위험한 투자를 하거나 도박을 하고, 다른 세계로 가기 위해, 차원을 뛰어넘기 위해 이상한 실험에 몰두한다. 소위 '미친 과학자'는 도덕과 윤리 그리고 다수의 행복을 위한 선택이 아니라 오로지 자신의 야심만을 위해 인체 실험이나 효율적인 전쟁 무기 개발 등을 한다. 누구는 마약에 빠진다.

 〈서브스턴스〉는 '육체'에 집착하는 이들의 파멸을 보여준다. 단순히 인생을 망치는 것이 아니라 신체가 부서지고, 변형되고, 괴물이 된다. 이처럼 인간이나 다른 생물의 몸이 기괴하게 변형되거나 파괴되는 것을 보여주는 장르를 '바디 호러'라고 부른다.

바디 호러라는 용어는 1983년 필립 브로피가 리들리 스콧의 〈에이리언〉(1979)과 존 카펜터의 〈괴물〉(1982) 등 당대 호러 영화의 경향을 설명하기 위해 처음 사용했다. 하지만 바디 호러는 이전의 영화 그리고 소설과 만화 등에서 이미 존재했다.

거칠게 말하자면 바디 호러는 신체 변형에 대한 공포다. 바디 호러는 신체의 변이, 해체, 기생, 비정상적인 변형 등이 주요 요소로 등장하여 시각적, 심리적으로 강렬한 공포를

〈괴물〉(1982) & 〈에이리언〉(1979)

유발한다. 육체의 경계가 붕괴되는 경험, 예측 불가능한 변

형에 대한 두려움과 정체성 상실 같은 주제를 통해 인간의 연약함과 경계의 모호함, 생물학적 본질에 대해 생각하게 한다.

메리 셸리의 『프랑켄슈타인』은 신에 거역하여 생명을 창조하는 미친 과학자를 비판하는 동시에 인간이 다른 신체를 가진 '괴물'을 두려워하여 공격하고 추방하는 모습을 보여준다. 시체의 살을 기워 만들어져 기괴한 외모를 가진 프랑켄슈타인의 괴물이 인간과 동일한 의식을 가지고 행동한다는 것을 받아들이기 힘든 것이다.

영화 〈에이리언〉은 22세기, 우주를 항해하던 노스트로모호의 승무원들이 외계의 생명체를 만나는 이야기다. 승무원들은 낯선 행성에서 거미와 전갈을 합친 듯한 모양인 '페이스 허거'의 공격을 받는다. 겨우 도망쳐 선내로 들어오지만, 한 승무원의 가슴에서 에이리언이 튀어나온다. 페이스 허거는 인간의 몸에 알을 낳아 영양분 삼아 성장한다. 겉은 멀쩡해 보이지만 몸 안에는 괴물이 자라나는 것이다. 마침내 에이리언이 가슴을 찢어버리고 튀어나오는 것은 기존의 '나'를 부정하고 새로운 존재로 태어난다는 의미다. 인간이 아닌 괴물, 하지만 더욱 강하고 잔인하고 냉혹한 존재.

존 W. 캠벨의 단편 「거기 누구냐?」를 원작으로 만든 〈괴물〉은 남극 기지를 배경으로, 정체를 알 수 없는 존재를 만난 대원들의 투쟁을 그린다. 근처에 있는 노르웨이 탐사팀 대원 하나가 미국 기지로 온다. 그는 썰매견에게 총을 쏘면서 추격해 왔다. 말려도 소용이 없다. 이성을 잃은 노르웨이 대원은 결국 사살된다. 미국 기지의 대원들은 노르웨이 기지에 가보지만 이미 모두 죽은 뒤였다. 기이한 모습으로 죽은 사체를 해부해 보지만 이유를 찾지 못한다. 그러던 중, 개집에 들어가 있던 개가 이상한 모양으로 변형되더니 다른 개들을 모두 죽여버린다.

노르웨이 탐험대는 태고 시절 외계에서 날아와 남극에 불시착한 우주선을 발견했다. 그 안에 무언가 있다. 그것은 인간이나 동물의 몸에 들어가 모든 것을 바꿔버린다. 인간의 몸을 훔치고, 의식을 지배하는 〈신체 강탈자 The Body Snatchers〉(1945)와도 비슷하다. 〈괴물〉에서는 단지 몸 속으로 들어가는 것을 넘어 그로테스크한 모양으로 바꿔버릴 수도 있다. 인간의 신체를 자유자재로 변형시키면서 원하는 대로 움직이는 것이다. 〈괴물〉에 나오는 기이한 신체 변형은 관객을 경악시켰다. 너무나도 끔찍하고, 상상조차 하기 싫을 정도로 기괴했다.

바디 호러 장르에 속하는 SF 영화는 일반적인 외계인 침공 영화와는 핵심적인 포인트가 다르다. 외계인이 지구인을 공격하고 지배한다는 공포와 다르게 〈에이리언〉과 〈괴물〉은 정체를 알 수 없고 압도적으로 힘의 차이가 나는 존재를 직면하는 공포다. 또한 신체의 변형, 진화가 주요한 테마로 제시된다. 작은 벌레가 인간의 몸을 이용하여 거대하고 강력한 괴물이 되는 것은 호러 장르에서 자주 나오는 설정이다. 귀신이나 요괴는 자유자재로 외양을 바꾸거나 기괴한 형태로 몸을 변형시킨다. 이에 비해 인간의 신체 변형은 사실상 변화가 아니라 파괴, 붕괴가 된다.

Case 2.
바디 호러의 역사

바디 호러를 일관되게 다룬 감독이라면 캐나다의 데이비드 크로넨버그가 있다. 〈플라이〉(1986), 〈비디오드롬〉

(1983), 〈크래쉬〉(1996), 〈미래의 범죄들〉(2022) 등을 만들었는데 인간의 육체가 파리로 바뀌거나, 미디어, 자동차로 대표되는 테크놀로지 등과 결합하여 경계를 허물며 변형되고 초월하는 과정을 그리고 있다. 여기서 '초월'은 반드시 긍정적인 의미는 아니다. 〈플라이〉는 공간 이동을 연구하던 과학자가 실수로 파리의 유전자와 결합하여 점점 파리처럼 변하는 과정을 그린다. 육체가 변하면서 인간성도 변해가는 모습을 볼 수 있다. 〈비디오드롬〉에서는 주인공이 머리를 TV 브라운관에 집어넣고, 자신의 배에서 총을 꺼내는 등 정신과 물질, 미디어를 넘나들며 현실과 상상의 모든 경계가 허물어진다. 당연히 도덕과 윤리도 사라진다. 데이비드 크로넨버그의 영화는 인간 밖의 모든 것에 대한 근원적인 공포를 자극하면서, 인간이 만들어 낸 과학과 기술, 문명의 경계를 진지하게 고민하게 만든다.

데이비드 크로넨버그의 영화를 호러 장르 컨벤션으로 밀어붙인 영화로는 브라이언 유즈나의 〈소사이어티 Society〉(1989)가 있다. 부유한 가정에서 자란 빌리 휘트니는 가족과 친구들 사이에서 기묘한 위화감을 느끼고 있다. 단지 개인적인 감성과 취향이라기에는 너무나 불편한 기

<소사이어티>(1989)

운에 사로잡혀 있던 빌리는 마침내 자신이 속한 사회의 비밀을 알게 된다. 신체 변형과 기괴한 의식을 통해서 뭉치고 유지되는 기묘한 집단이었다. 사회적 계급, 권력이 합리적이고 상식적인 방식으로 만들어지는 것이 아니라 그들만의 리그를 통해서 세습되는 특권임을 말해준다. 가장 기괴한

방식으로, 보통의 인간이라면 결코 받아들일 수 없을 만큼 끔찍하고 구역질 나는 의식을 통해서.

근대 이전 신체 변형의 상징이라면 늑대 인간이 있다. 평범한 인간이 보름달이 뜨면 하늘을 보며 울부짖는 늑대로 변한다. 이성을 잃어버리고 오로지 동물적 감각으로 사람들을 갈기갈기 찢어버리는 괴물. 늑대 인간은, 인간이 잃어버린 야생성의 상징이기도 하다. 문명을 이룬 뒤, 도시에서 살아가는 동안 잃어버린 무엇. 자연과 함께 살아가는 감각, 생명에 대한 간절함, 적에 대한 폭력적인 분노와 단호함 등등. 늑대 인간은 단순하게 '늑대가 된 인간'을 넘어 '늑대로 대표되는 야생 동물의 무엇을 우리가 잃어버렸는가'에 대한 상상력이기도 하다. 그래서 늑대 인간은 호러 장르의 대표적인 캐릭터지만, 그다지 무섭게 느껴지지는 않는다.

Case 3.
미지의 인간

인간이 다른 무언가로 변해가는 과정은, '미지'라는 점 때문에 두려운 것이 아닐까? 〈에이리언〉과 〈괴물〉 속 외계의 존재도, 〈플라이〉에서 인간과 파리의 융합도, 무엇이 될지 알 수 없어서 두렵다. 〈신체 강탈자〉에서 이미 침식당한 존재는 오히려 편안함을 느낀다. 아직 변하지 않은 나는 무엇으로 변할지 모르기에 무섭다는 공포를 느낀다. 하지만 〈크래쉬〉에서 자동차의 질주와 충돌에서 희열을 느끼는 사람들은, 자신의 신체 일부가 기계가 되는 것에 오히려 만족하고 있다. 죽음도 기꺼이 맞이한다.

츠카모토 신야의 〈철남〉(1989)은 몸이 점점 금속, 기계가 되어가는 남자의 이야기다. 바디 호러와 사이버펑크를 조화롭게 결합한 영화로 평가받는다. 인더스트리얼 배경 음악이 깔리면서 남자가 자신의 몸에 금속을 넣는 모습이 스톱 모션 기법으로 펼쳐지는 〈철남〉은 인간의 비인간화를 독특한 방식으로 그려냈다.

인간이 기계가 된다면, 그것은 축복일까? 저주일까? 지금은 일론 머스크가 인간의 뇌에 칩을 이식하겠다는 제안을 구체적으로 제시하는 시대다. 더 나아가면 〈공각기동대〉처럼 뇌만 남기고 모든 육체를 기계로 대체하는 세상이 가능할 수도 있다. 그렇다면 우리는 인간 이상이 될 수 있을

 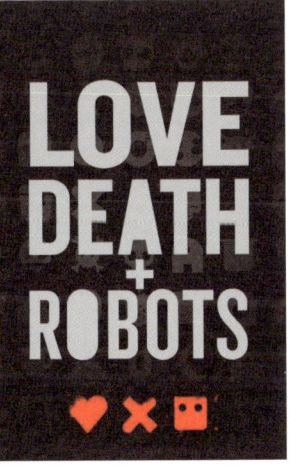

<철남>(1989) & <러브, 데스+로봇>(2019)

까? 아니면 그것은 인간이 아닌 다른 존재일까?

　넷플릭스의 애니메이션 시리즈 <러브, 데스+로봇> 시즌1 중 <굿 헌팅Good Hunting>은 켄 리우의 단편 「즐거운 사냥을 하길」을 각색한 작품이다. 켄 리우는 서양에서 활동하는 중국계 SF 작가인데, 동양적인 사상과 과학적 상상력을 융합한 독창적인 세계와 이미지를 구현한다. 아시아 전역에 전해지는 구미호 전설을 스팀펑크의 세계에서 확장하는 <굿 헌팅>은 켄 리우가 상상했던 이미지를 탁월하게 그려냈다.

구미호를 비롯한 요괴와 공존하던 역사를 가진 중국은 서양 제국주의의 침략을 받으며 균형과 조화를 잃어버린다. 서양식 무기로 무장한 사냥꾼들은 요괴들을 무참하게 사냥한다. 아름다운 여우 요괴 옌은 가족을 잃고, 복수를 맹세하며 떠나간다. 랴오는 옌의 비참한 추락을 보면서 아무 것도 할 수 없었다.

시간이 흘러 성인이 된 랴오는 스팀펑크 기술로 가득 찬 도시에서 기계 수리공으로 일한다. 세상은 오로지 탐욕의 추구만으로 유지된다. 거리에서 몸을 팔던 옌을 만난 랴오는, 그녀에게 기계로 된 몸을 만들어 준다. 다시 요괴로서의 힘을 발휘할 수 있게 해주는 새로운 몸. 〈굿 헌팅〉에서 기계 몸은 다시 생명을 얻는 것을 넘어 초자연적인 능력을 부여해 준다. 요괴면서, 옌은 또 다른 존재가 된 것이다.

바디 호러는 인간이 아닌 다른 존재로 변한다면 무엇이 될지 보여준다. 쉽게 본다면 괴물이다. 모든 종교나 철학은 결국 인간을 초월하기를 바란다. 지금의 인간이 불완전하기에, 인간 이상의 무언가를 꿈꾸면서 앞으로 나아가기를 추구한다. 그렇다면 신체의 변형이란 지금의 세계가 변하고 부서지고 재창조되어야 한다는 생각의 시작일 수도 있다. 그런 점에서 바디 호러는 꽤나 심오하다.

하지만 호러 장르로서 본다면, 바디 호러는 가장 기괴하고 진저리치게 만드는 장면을 선사하는 동시에 멋진 이야기를 제공한다. 〈서브스턴스〉도, 〈비디오드롬〉도, 〈소사이어티〉도 오로지 장면들만으로 혹하게 만들고 빨려들게 한다. 호러의 본질은 결국 '보는 것'이고, 바디 호러는 그런 욕망을 적나라하게 충족시켜 준다.

※ CUT ※

에이리언 퇴치법

<에이리언>의 제노모프는 아마도 우주 최강의 생물이 아닐까. 이후 속편에서 드러난 사실에 따르면, 제노모프는 엔지니어(우주 곳곳을 다니며 생명을 창조하는 존재)가 실패한 행성의 생명체를 절멸시키기 위해 만들어 낸 전투 생물학 병기다. 제노모프의 몸은 강력한 외골격으로 덮여 있고, 폐열을 발산하지 않는

다. 우주 공간에 던져져도 생존한다. 피와 침은 강철과 콘크리트까지 녹여버릴 정도로 강한 산성이다. 이중 턱과 꼬리를 주로 사용하는 공격 방식은 안드로이드를 한 방에 날려버릴 정도로 강력하다. 힘도, 내구성도, 무기까지도 다 갖추고 있는 최강의 생물이라 할 만하다.

우주 최강의 생물과 최고의 사냥꾼이 붙는다면 누가 이길 것인가. 영화 <프레데터> 시리즈는 우주를 누비며 최강의 생물들을 사냥하는 프레데터를 보여준다. 2편 마지막 장면에서, 프레데터의 우주선에 들어간 주인공은 그동안 프레데터가 사냥한 생물을 전시한 것을 보게 된다. 스윽 지나치는 그 장면을 잘 들여다보면 에이리언도 있다. 그러니까 프레데터는 에이리언을 사냥한 경험도 있다는 것이다.

이후 정말로 영화 <에이리언 vs. 프레데터>(2004)가 나왔다. 그야말로 창과 방패의 싸움인데, 보다 보면 무승부라는 생각이 든다. 환경과 조건에 따라서 승패가 나뉠 수밖에 없다. 아무런 무기 없이 그냥 붙는다면 절대적으로 에이리언의 완승. 무기를 모두 장착한 프레데터가 초원이나 운동장 같은 곳에서 에이리언과 맞선다면 사냥은 비교적 쉬울 것이다. 하지만 캄캄하고 시끄러운 우주선이나 건물 내부라면 에이리언이 이길 가능성이 크다.

최강의 생물이라고 한다면 일단 에이리언의 손을 들어준다. 하지만 사자와 호랑이를 사냥꾼이 포획하는 것처럼, 프레데터는 유리한 환경을 만들고 첨단 무기와 장비를 사용하여 에이리언을 궁지에 몰아넣을 수 있다. 인간의 경우 아무리 뛰어난 능력을 지니고 있다고 해도, 그리고 첨단의 무기를 가진다 해도 1대 1로 붙게 된다면 에이리언이 우세하지 않을까. 다만 팀을 이루어 조직적으로 에이리언을 사냥한다면 승산은 충분히 있다.

적어도 특수전이 가능한 군인이 아니라면 에이리언을 퇴치할 방법은 없다. 그러니까 미래에 언젠가 에이리언이 지구에 온다면, 우리는 그냥 숨죽이고 피해 다니는 것이 최선이다.

당신의 이웃은 살인마

연쇄 살인마의 공포

S#3.

Story of Friday 13th

 1958년, 미국 크리스탈 호수의 캠핑장. 캠핑장의 남녀 직원이 섹스를 하기 위해 빈 오두막에 몰래 들어갔다가 살해당한다. 범인은 잡히지 않고, 캠핑장은 문을 닫았다. 시간이 흐르면서 크리스탈 호수 주변 마을에 무서운 소문이 돌았다. 제이슨이라는 소년이 크리스탈 호수에서 수영을 하다가 익사하는 사건이 있었는데, 살해당한 남녀는 사고가 발생했을 때 안전 관리에 소홀했던 장본인이었고, 그래서 제이슨의 저주를 받아 죽었다는 것이다. 그 후에도 제이슨의 유령이 주변을 헤매며 캠핑하는 사람들을 해친다는 소문이었다. 크리스탈 호수는 아름다운 풍경에도 불구하고 사람들이 잘 찾지 않는 장소가 되었다.

1980년, 스티브 크리스티는 제이슨의 저주를 무시하고 다시 캠핑장을 열기로 한다. 네드, 잭, 빌, 마시, 브렌다, 앨리스는 개장을 앞둔 크리스탈 호수 캠핑장의 직원이다. 크리스탈 호수로 향하던 애니는 히치하이킹을 해 이들의 차를 얻어 타고, 크리스탈 호수의 저주에 대한 이야기를 듣는다. 저주를 웃어넘긴 애니는 차에서 내려 걸어가다가 누군가의 습격을 받고 살해당한다. 강한 비가 쏟아지기 시작하자 스티브는 필요한 물품을 조달하기 위해 마을로 향하고, 남은 직원들은 저마다 시간을 보낸다. 그리고 하나씩 죽기 시작한다. 네드가 죽고, 잭과 마시도 죽는다. 칼, 화살, 도끼 등 다양한 살인 도구가 사용된다. 시체를 발견한 브렌다와 앨리스, 빌은 살인자를 찾아 나서지만 오히려 브렌다와 빌마저 죽어버린다. 마지막으로 남은 사람은 앨리스.

혼자 남은 앨리스는 스티브의 친구라는 중년 여성 부히

스를 만난다. 자초지종을 들은 부히스는 그녀를 위로하지만, 살인자는 찾을 수 없었다. 위험은 여전히 남아 있다. 부히스는 천천히 크리스탈 호수에 얽힌 이야기를 해준다. 그리고 밝혀지는 사실. 캠핑장 직원들을 죽인 살인자는 유령이 된 제이슨이 아니었다. 억울하게 죽은 제이슨을 위해, 그의 엄마가 무고한 사람들을 죽인 것이다.

<13일의 금요일>(1980)

그렇다면 제이슨은 저주의 주체가 아닌 그저 기억 속 존재에 불과한 것일까? 유일하게 살아남은 앨리스는 작은 보트를 타고 호수 복판으로 나간다. 누구도 자신을 해칠 수 없는 곳으로. 호숫가에 경찰이 도착한 것을 본 앨리스는 손을 흔드는데, 갑자기 호수 바닥에서 한 소년이 솟구쳐 오르더니 그녀를 붙잡고 물속으로 끌어당긴다. 그리고 깨어난 곳은, 병원이었다. 앨리스는 경찰에게 묻는다. 호수에서 소년을 보지 못했냐고. 경찰이 아무도 없었다고 답하자, 앨리스는 중얼거린다.

"그럼 아직 거기 있네."

Case 1.
연쇄 살인마의 공포 ― 슬래셔 영화

'난도질 영화'라고 번역되는 슬래셔 영화는 대체로 살인마가 등장하여 사람들을 연이어 죽인다는, 단순한 내용이다. 보통 살인마에게 과거의 트라우마가 있고, 굴절된 복수심이 확장되어 무차별적인 학살을 자행한다. 피해자들은 주로 10~20대의 젊은이들이다. 살인마는 대부분 무표정한 가면이나 마스크를 쓰고 커다란 칼, 육중한 도끼, 칼날 손톱 등 특징적인 무기를 사용한다. 내용이 비슷하고, 별다른 주제도 없는 슬래셔 영화는 살해할 때 독창적인 방법을 쓴다든지 기발한 상황을 만들어 내면서 관객에게 재미를 준다.

〈13일의 금요일〉(1980)에는 제이슨이라는 살인마가 등장한다. 하키 마스크를 쓴 제이슨은 주로 커다란 칼을 휘둘러 사람을 죽이는데, 사실 1편에서는 등장하지 않는다. 환상인지 현실인지 애매하게 잠깐 비춰지는 정도. 2편에서 본격적으로 등장하는데, 마지막에는 죽음을 맞는다. 어쨌건 권선징악으로 끝나야 최후의 생존자가 남으니까. 하지만 속편이 이어지기 위해 제이슨은 다시 살아나야 했다. 3편 첫 부분에서, 죽은 줄 알았던 제이슨이 깨어나는 것을 보여준다. 다시 4~5편으로 이어지려면 발상의 전환이 필요하다. 칼에 찔리거나, 충격을 받아 실신하거나 하여튼 숨이 끊어졌던 제이슨이 다시 살인마로 활약하려면 무조건 부활해야만 한다. 무덤에 묻힌 제이슨은 프랑켄슈타인의 괴물도, 강시도 아닌데 벼락을 맞고 깨어나기도 한다. 유전자 공학으로 재창조되기도 하고.

<할로윈>(1979)

사실 슬래셔 영화의 시작은 <13일의 금요일>이 아니라 존 카펜터의 <할로윈Halloween>(1979)이다. 한국에서는 극장 개봉을 하지 못했고, <13일의 금요일Friday The 13th>부터 개봉했다. 국내에서는 <13일의 금요일>이 더 유명하지만, 미국에서는 역시 원조인 <할로윈>이 더 인기다. 영화도 훨씬 좋은데다가 비평가들의 찬사를 받았으며, 북미에서만 2천만 관객이 들었다. 추격과 살인, 집에서 벌어지는 살해, 살인마 캐릭터, 과거의 트라우마와 기념일에의 귀환, 파이널 걸🎃 등등 이후 슬래셔 영화의 컨벤션이 확립되었다.

<13일의 금요일>은 <할로윈>을 상업적이고 자극적으로

🎃 공포 영화 등에서 마지막으로 살아남은 생존자를 일컫는 말.

복제한 영화다. 〈할로윈〉에 나오는 살인마 마이클 마이어스는 처음부터 악마였다. 존 카펜터는 마이어스가 '순수 악의 존재'라고 말했다. 아직 학교도 다니기 전의 마이클 마이어스는 섹스 중이던 10대의 누나를 죽인다. 이유가 있거나, 화가 나서가 아니다. 정신 병원에 들어갔다 성인이 뇌번서 탈출한 마이클 마이어스를 쫓는 사람들과 그의 가족들은 어느 순간 알게 된다. 마이어스가 트라우마나 구체적인 이유가 있어서 사람을 죽이는 게 아님을.

〈할로윈〉에 영향을 준 영화로는 알프레드 히치콕의 전설적인 걸작 〈사이코〉(1960)와 토브 후퍼의 〈텍사스 전기톱 학살〉(1974)이 있다. 〈사이코〉는 현실에서도 가능한 이야기다. 억압적인 어머니에게 학대를 받다가, 어머니가 죽은 후 내면에서 폭력적인 어머니를 만들어 낼 수밖에 없었다는 비극이 있다. 그는 그녀의 명령으로 '음탕한' 여인들을 죽인다. 베이츠가 왜 '사이코'가 되었는지는 드라마 〈베이츠 모텔〉에서 상세하게 나온다. 어머니가 어떤 사람이었는지, 베이츠가 왜 어머니를 무서워하는 동시에 사랑할 수밖에 없었는지, 왜 죽은 어머니를 부활시킬 수밖에 없었는지를. 〈사이코〉는 연쇄 살인마가 되는 이들의 심리를 파고든 영화다.

〈텍사스 전기톱 학살〉은 〈엑소시스트〉 이후 상업적으로 성공한 호러 영화다. 미국의 남부를 여행하던 대학생들이 여행 도중 우연히 들른 시골집에서 끔찍한 살인마 가족을 만난다. 여행객을 이유 없이 죽이고, 그들의 얼굴 가죽을 벗겨 얼굴에 뒤집어쓴 살인마는 과거의 공포 영화만이 아니라 현실에 존재하는 어떤 악마와도 달랐다. 〈텍사스 전기톱 학살〉의 광기는 비이성적인 살인마 한둘의 광란이 아니었다.

토브 후퍼는 베트남전이 한창이던 때 미국 사회 전체가 폭력과 야만의 광기로 물들어 있음을 〈텍사스 전기톱 학살〉의 장면 하나하나에 담아내 이야기했다. 그들은 정말로 현존하는 악의 실체였고, 심연이었다. 영화를 보는 것만으로도 섬뜩하고, 뭔가 다른 세계를 엿보고 있는 느낌이 든다. 또한 개성적인 살인

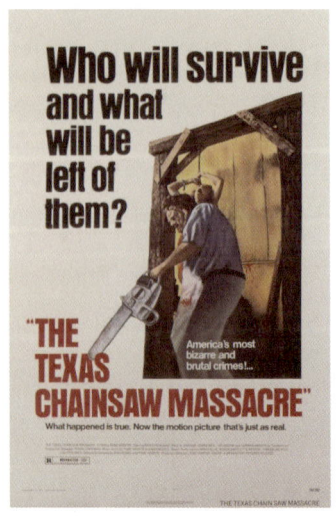

〈텍사스 전기톱 학살〉(1974)

마, 성=죽음, 파이널 걸, 고어 장면들이 이어지는 슬래서 영화의 컨벤션을 모두 갖추고 있다.

집으로 찾아가는 살인마가 나오는 〈블랙 크리스마스〉(1974), 오지의 살인마 집단이 등장하는 웨스 크레이븐의 〈힐스 해브 아이즈〉(1977)도 슬래서 영

〈스크림〉(1996)

화의 원류로 평가된다. 1980년대의 슬래서 영화는 비슷한 주제와 플롯이 반복되면서 금방 시들해졌지만, 90년대 웨스 크레이븐의 〈스크림〉(1996)이 대성공을 거두면서 다시 인기를 끌었다.

〈스크림〉은 과거 슬래서 영화의 컨벤션을 그대로 활용하면서도 캐릭터와 플롯을 변주하고 뒤집어서 관객을 영화 속으로 끌어들여 대성공을 거두었다. 단지 죽이는 장면을 보여주는 게 목적이 아니라, 영화와 관객이 게임처럼 주고받으며 이어지는 상황을 전개했다.

Case 2.
슬래셔 무비의 원초적 매력

우리는 왜 슬래셔 영화에 끌리는 것일까? 슬래셔 영화는 살인마에게 쫓기는 극한의 상황을 간접적으로 경험하게 한다. 관객은 자신이 극장이나 집에 안전하게 있다는 것을 알면서도, 영화 속 인물이 겪는 공포와 긴장감을 생생하게 느낀다. 위험 없이 롤러코스터를 타는 것과 유사하게, 실제 아드레날린이 분비되고 심박수가 높아지는 등 신체적인 흥분을 유발한다. 그야말로 안전한 공포를 경험하게 하는 것이다.

인간에게 공포는 반드시 필요한 감정이다. 공포가 없다면 인간은 발전할 수 없다. 문명을 만들지도 못했을 것이다. 맹수에 대한 공포 때문에 무기를 만들고, 불을 이용하게 되었다. 무서운 것을 이겨내기 위해 머리를 쓰고, 힘을 모으면서 더 높은 곳으로 향할 수 있었다.

금기에 대한 호기심 충족과 관음증도 큰 이유다. 살인은 강력한 금기 중 하나다. 슬래셔 영화는 하지 말아야 하는 행위에 대해 대리 만족하는 통로가 된다. 영화 속에서 살인마가 저지르는 잔혹한 행위를 관음하며, 현실에서는 불가능하거나 상상하기 힘든 폭력적 충동을 간접적으로 해소한다. 인간 본연의 어두운 면을 탐색하고 통제되지 않은 광기를 마주하는 경험을 하는 것이다.

어쩌면 사람들이 매혹되는 이유는 더욱 깊은 내면에 있을 수 있다. 인간은 왜 잔혹한 장면에 이끌리는 것일까? 인간이 잔인하기 때문일까? 인간에게 내재된 폭력성 때문에?

슬래셔 영화는 19세기 유럽에서 인기 있었던 무대극 그랑기뇰(잔혹극)의 흐름에 있다고도 평가된다. 무대에서 새빨간 피가 뿜어지고, 팔다리와 목이 잘리는 장면을 보며 관객들은 박수를 쳤다. 중세부터 근대까지 범죄자나 반역자가 광장에서 고문받고 처형되는 잔인한 광경을 보며 환호했던 과거의 대중도 마찬가지 아니었을까? 고대 검투장에서 서로 죽고 죽이는 전투를 보며 응원했던 관중도 마찬가지다. 잔혹한 장면을 보면서 열광하는 것은 과거에도, 지금도 인간의 일관된 본성일 수 있다.

로버트 루이스 스티븐슨의 「지킬 박사와 하이드」는 인간의 마음에 폭력성이 내재된 것은 아닐까 의심했다. 인간의 본성은 폭력적이지만 문명을 만들고, 사회적 약속을 함으로써 인간성을 키워온다는 것이다. 인간의 본성이 폭력적이라는 주장은 꽤 강력하다.

7만 년 전, 유인원에서 진화한 인간은 호모 사피엔스, 네안데르탈인, 데니소바인 등이 공존했다. 그런데 어느 순간 호모 사피엔스만이 남고 나머지 인류는 모두 멸종했다. 호모 사피엔스가 나타나면서 다른 종들이 사라진 것으로 보기도 한다. 왜일까? 어느 정도 협력하고 공존했겠지만 결국은 다른 종이었기에 싸우다가 사라진 것은 아닐까?

과거에는 호모 사피엔스가 네안데르탈인에서 진화했고, 그렇기에 지능도 더욱 좋았다고 생각했지만 이후 연구를 통해서 네안데르탈인은 종교가 있었고, 그릇과 도구를 사용하는 등 결코 지능이 낮지 않았으며, 문화적 활동도 했다고 한다. 그렇다면 호모 사피엔스는 특별히 싸움 능력이 뛰어났던 것은 아닐까? 호모 사피엔스가 인류의 다른 종들을 죽였거나 자원을 독점함으로써 그들의 생존을 위협했을 수 있다. 그렇다면 다른 종에 비해 더욱 폭력적이고 잔인한 본성이 호모 사피엔스에게 있었다고 생각할 수 있다.

브렛 이스턴 엘리스의 소설 『아메리칸 사이코』는 2000년 영화로 만들어졌다. 하버드대와 비즈니스 스쿨을 졸업

<아메리칸 사이코>(2000)

한 월가의 잘 나가는 투자 금융가 패트릭 베이트먼은 늘 명품을 입고, 철저하게 자기 관리를 하며 운동을 하고, 동료들과 함께 화려한 식당에서 식사를 즐긴다. 누가 봐도 번듯하고 능력 있는 여피Yuppie족이다. 하지만 사실 패트릭은 질투심과 경쟁심에 사로잡히면서 팽배한 욕구 불만을 살인으

로 해소하는 살인마다.

소설과 영화 모두 성공을 거둔 〈아메리칸 사이코〉는 엄청난 부를 가진 월가의 금융인이 연쇄 살인마의 사고방식을 공유하는 '사이코'라는 것을 보여준다. 타인을 무시하고 혐오하며, 오로지 자신의 욕망만을 추구하는 변종. 주위를 둘러봐도 돈이 많아지거나 삶이 풍요로워진다고 해서 인간이 다정하고 너그러워지는 것은 결코 아니다.

살인자는 공포의 대상이기는 하지만 호러 영화의 주인공은 아니었다. 그러나 명확한 이유, 돈이나 치정 등의 목적 없이 자신의 쾌락이나 모호한 욕망 때문에 살인을 저지르는 사이코패스와 소시오패스를 보면서 대중은 공포를 느꼈다. 그들은 이해할 수 없는 괴물이었다.

조나단 드미의 〈양들의 침묵〉(1991) 속 한니발 렉터 박사는 오히려 이해하고 공감할 수 있었다. 잔인하게 사람을 죽이고 그 고기를 먹는 한니발은 자신만의 이유가 명확하다. 예술이라든가, 그를 먹음으로써 하나가 되는 카니발리즘의 의식 같은 것이라든가. 하지만 김지운의 〈악마를 보았다〉(2010) 속 장경철은 오로지 자신의 욕망을 채우기 위해 사람을 죽인다. 그 욕망의 근원이 무엇인지, 아무도 이해할 수 없다.

슬래셔 영화는 인간의 잔혹한 욕망을 쉽게 해소하기 위한 도구라고 말할 수도 있다. 상업적인 목적만으로 만들어진 싸구려 영화들은 일면 그렇기도 하다. 하지만 〈할로윈〉과 〈스크림〉을 비롯해 뛰어난 작품들은 저마다 나름의 의미를 가지고 있다. 살인마의 살육에 동조해서 슬래셔 영화를 보는 것이 아니라, 마지막 생존자의 고난과 승리를 함께 하기 위함도 있다. 잔인한 장면이 주는 원초적인 쾌감도 물론 있고. 이런 면 때문에 슬래셔라는 장르는 늘 위태위태하지만, 결코 사라지지는 않는다.

슬래셔 영화에는 그랑기뇰의 영향이 약간 스며든 정도이고, 직접적으로 파고든 장르는 '고문 영화Torture Movie'다. 〈쏘우〉, 〈호스텔〉이 대표적이고 〈카니발 홀로코스트〉 등 1970년대의 익스플로테이션 영화들도 있다. 〈쏘우〉는 암에 걸린 남자가 사기를 당하자 분노에 사로잡혀 범인을 처단하고, 직소Jigsaw라는 닉네임으로 연쇄 살인마가 되는 설정이다. 직소는 나쁜 짓이긴 해도 법의 심판을 받지 않는 자들을 납치하여 정교한 '트랩'에 가둔다. 살기를 원한다면,

적어도 팔다리 하나 정도는 떼어내야 한다. 대부분은 고통과 상처를 받고 살아남기보다는 처참하게 죽어간다. 사람을 잔인하게 죽이는 광경을 보여주는 것이 〈쏘우〉의 모든 것이다. 〈호스텔〉은 더욱 직접적으로 사람을 고문하고 죽이는 산업이 우리 세상 어딘가에 존재하고 있다고 알려준다. 영화는 잔인한 고문 장면을 꽤 사실적으로 보여주며 그랑기뇰의 흐름을 따른다.

<나이트메어>(1984)

× CUT ×

연쇄 살인마 퇴치법

 <13일의 금요일>과 <할로윈>을 보면서 늘 궁금한 점이 있었다. 제이슨도, 마이클 마이어스도 절대 뛰지 않는다. 희생자들은 살인마를 피해 열심히 뛰어다니지만 절대로 그들의 추격에서 벗어나지 못한다. 분명 한참을 뛰어서 어떤 집에 숨었는데, 금방 살인마도 도착한다. 나는 종종 농담처럼 말한다. 카메라

가 잡지 않을 때, 살인마들도 죽어라 뛰었을 거야. 가오가 있어서, 눈에 보이는 곳에서는 절대로 뛰지 않지. 그러지 않고는 논리적으로 설명할 수가 없어.

그러니까 현실에서 제이슨을 만난다면 무조건 뛰기만 하면 된다. 상식적으로는 그렇다. 그러나 제이슨도, 마이클 마이어스도 상식적인 인간은 아니다. 아무리 죽여도 부활하는 존재들이다. 그래도 방법은 있다. 불사신이기는 한데, 어느 정도 멈추는 것은 가능하다. 심장을 찌르거나, 엄청나게 무거운 돌로 눌러 놓으면 꼼짝하지 못할 것이다. 약간의 시간을 벌 수 있으니 이때 도망칠 수 있다. 아직 차를 운전하고 다니는 제이슨과 마이클 마이어스는 보지 못했다.

속편을 거듭하면서 제이슨과 마이어스의 피해자들도 적극적으로 계획을 잘 세워서 공격하면 상대할 수는 있다. 어이없게 살해당한 이들은 대부분 방심했던 경우가 많다. 다만 깨어날 수 있으니 무조건 공격이 성공한 다음에는 멀리 도망칠 것.

혹은 부관참시 정도로 육체를 해체하는 것도 좋을 것이다. 신화나 전설 같은 것에는 엄청 강력한 마왕이나 괴물을 분해해서 머리는 북쪽, 다리는 남쪽에 두는 식으로 파묻고 부적을 붙인다거나 해서 봉인했다는 이야기가 종종 나온다. 제이슨과 마이클 마이어스도 그렇게 분해해서 절대 나오지 못하게 봉인하면 막을 수 있지 않을까?

그런데 <나이트 메어>의 프레디 크루거는 좀 다르다. 꿈에서만 등장하는 프레디는 애초에 초자연적인 존재다. 잠든 사람의 꿈에 나타난다. 꿈 속에서 죽임을 당하면 현실에서도 죽어버린다. 프레디를 만나지 않으려면 잠을 자지 말아야 하는데, 잠을 못 자면 인간은 미쳐버리기 때문에 결국 죽게 된다. 대처 방법은 무엇일까.

시리즈의 속편들에서 몇 가지 대처법이 제시된다. 하나는 꿈을 자신의 방식으로 제어하는 것. 자신이 꾸는 꿈이라는 것을 자각하고, 원하는 방향으로 상황을 변화시키는 것이다. 프레디는 나의 꿈으로 들어온 존재이기 때문에 내가 주도권을 쥐면 이길 수 있다. 다만 꿈에서 프레디를 죽여도, 프레디는 나의 꿈 바깥에 있는 초자연적인 존재이기 때문에 확실하게 없애는 것은 불가능할지도 모른다.

초자연적인 존재를 없애는 또 하나의 방법은, 그걸 인정하는 것이다. 무서워서 피하고 감추고 등을 돌리는 것은 결국 '어둠'을 더 키워주는 꼴이 된다. <뉴 나이트 메어>에서는 프레디를 비롯한 악령이나 괴물들이 아주 오랫동안 존재했던 '무서운 것들'이라고 말한다. 이름을 바꾸면서, 현대인이 무서워하는 외양과 능력을 가지고 나타나는 것이라고.

그렇다면 초자연적인 악령을 없애는 방법은 마음의 두려움과 강박, 공포를 지우는 것이다. 내가 모르는 존재를 무섭다고 생각하지 말아야 한다. 정체를 모르지만 현실에 존재하는 생물이거나 현상이라고 생각하면 된다. 호랑이는 무서운 존재지만, 당장 내 앞에서 나를 위협하기 전까지는 무서워할 필요가 없다. 호랑이의 환영은 지금 눈앞에 존재하는 것이 아니다.

오히려 무서운 것은, 인간이다. 마음에 무엇이 있는지 알 수 없는 인간.

죽은 자가 돌아왔다

좀비와 언데드

S#4.

Story of Zombi

간호사로 일하는 안나의 오늘은 여느 날과 똑같다. 야간 근무를 마치고 남편이 자고 있을 집으로 돌아간다. 샤워를 마친 뒤 잘 준비를 하는 안나. 그런데 갑자기 옆집 소녀가 집에 들어왔다는 것을 알게 된다. 남편이 소녀를 집에 데려다주려 하는데, 소녀는 마치 짐승처럼 달려들어 남편을 물어뜯는다. 갑작스러운 공격에 남편은 피를 철철 흘리며 쓰

<새벽의저주>(2004)

러지고, 안나는 겨우 소녀를 몰아낸다.

갑작스럽게 남편을 잃은 슬픔에 안나는 당황스럽다. 그런데 죽은 남편이 갑자기 깨어난다. 이성을 잃은 채 야수처럼 달려드는 남편. 안나는 본능적으로 위협을 느끼며 남편을 밀어낸다. 화장실로 들어가 문을 잠그지만, 남편은 문을 부수며 들어오려 한다. 안나는 조그만 욕실 창으로 빠져나온다.

눈앞에 펼쳐진 풍경은 여느 날과 다르다. 평온한 교외의 아침은 늘 조용하고 아늑했는데, 오늘은 사방에서 비명이 들리고 하늘에는 헬리콥터 소리가 요란하다. 차들이 충돌하고, 사람들은 뛰어다니다 나동그라진다. 무슨 일이 벌어진 것일까? 안나는 생각하는 대신 차를 타고 미쳐버린 남편을 피해 달아난다. 거리는 이미 아수라장이다. 곳곳에서 폭발이 일어나고, 광기에 사로잡힌 사람들이 서로를 공격하고 있다. 저 멀리서는 시커먼 연기가 뿜어져 나온다. 상상으로만 가능했던 종말의 풍경이다.

야간 근무를 하고 바로 집으로 돌아온 안나는 뉴스를 보지 못했다. 아직 SNS도 없던 때였다. 안나는 밤사이에 무슨 일이 벌어졌는지 전혀 모른 채로 습격을 받았다. 알 수 없는 이유로 시체들이 깨어났고, 깨어난 시체는 살아 있는 사람을 물어뜯었다. 물려서 죽은 사람들은 다시 깨어났고, 시체의 공격으로 상처를 입은 사람들도 얼마 후에 이성을 잃고 다른 사람을 공격하기 시작한다. 순식간에 모든 것이 붕괴되어 버렸다. 인류와 문명의 마지막 날이 시작된 것이다.

도망치던 안나는 겨우 거대한 쇼핑몰에 들어온다. 셔터를 내리면 좀비들은 들어올 수 없다. 다행히 거대한 쇼핑몰에는 인간에게 필요한 대부분의 일용품이 있었다. 먹을 것도 충분했다. 얼마나 있어야 할지는 알 수 없지만, 현재로서는 가장 안전하고 풍요로운 낙원이었다.

처음에는 쇼핑몰에 들어온 사람들끼리 의심하거나, 폭력적으로 굴기도 했지만 시간이 흐르면서 서로를 받아들이게 되었다. 조금만 버티면 모든 것이 정상으로 돌아올 것이라고 생각하며.

하지만 세상은 이미 붕괴했다. 제한된 공간에 고립된 채로 시간이 흐르면서 조금씩 이상해지는 사람들이 나오기 시작했다. 좀비들과 함께 살아가는 것은 불가능하다. 하지만 쇼핑몰에서 평생을 보낸다는 것 또한 가능하지 않다. 도피처를 찾고, 자신만의 안위를 꿈꾸는 이들이 이탈하고 균열을 만들어 내기 시작했다. 허튼 욕망이 쇼핑몰의 안전을 위협하게 되었다. 결국 좀비들이 쇼핑몰로 들어오기 시작하면서, 안나는 다시 바깥세상 어딘가의 피난처를 찾아야 했다. 세상은 이미 종말을 맞았다. 이제는 종말 이후의 삶을 준비해야만 한다.

Case 1.
좀비와 언데드

잭 스나이더의 〈새벽의 저주Dawn of the Dead〉(2004)는 리메이크 영화다. 오리지널은 좀비 영화의 기본 공식을 모두 만들었다고 평가되는 조지 로메로의 '좀비 3부작'인 〈살아 있는 시체들의 밤〉(1968), 〈시체들의 새벽〉(1978), 〈죽음의 날〉(1985) 중 2번째 작품이다. 갑자기 시체가 깨어나 좀비가 되고, 물린 사람들도 좀비가 되어 세상은 종말로 치닫는다.

공포 영화의 인기 캐릭터 중에서 좀비는 20세기 들어 정착된 캐릭터다. 뱀파이어나 늑대 인간의 기원은 고대나 그 이전까지 올라가고, 프랑켄슈타인의 괴물은 근대 과학의 발명품이다. 골렘을 비롯하여 영혼이 없는 인형 혹은 괴물도 오래된 이야기다. 부두교에서는 좀비가 실제로 존재했다고 하지만, 지금처럼 좀비에게 물린 희생자가 다시 좀비가 되는 종류로 정착한 것은 조지 로메로의 영화 〈살아 있는 시체들의 밤〉부터였다. 알 수 없는 이유로 무덤 속의 시체들이 깨어나고, 좀비에게 물리면 다시 좀비가 되는 악순환 속에서

〈살아 있는 시체들의 밤〉(1968)

사투를 벌이는 사람들의 모습은 끔찍한 공포였다. 그것은 1950년대 유행했던 '외계에서의 침공'에 대한 공포가 내부 세계에서의 공포로 바뀐 것이기도 했다. 1950년대의 공포는 핵전쟁이었고, 평온한 사회를 외부에서 공격하거나 잠입해 오는 외계인과 괴물 혹은 '공산주의자'를 두려워했다. 그러나 좀비는 세계 어디에나 있는 공동묘지에서부터 시작된다. 또는 눈에 보이지 않는 바이러스에 감염되면 내 곁의 누구나 좀비가 될 수 있다.

'Zombie'를 영어 사전에서 찾아보면 1. 죽은 자를 되살아나게 하는 영력(서인도 제도 원주민의 미신), 그 힘으로 되살아난 무의지의 인간, 2. (무의지적, 기계적인 느낌의)무기력한 사람, 멍청이라고 되어 있다.

좀비의 시원은 할리우드 영화에도 자주 등장했던 부두교의 주술이다. 정말로 시체를 깨어나게 하는 것은 아니고, 가사 상태에 빠져 죽은 것처럼 보이게 하는 약을 먹인 후 무덤에서 파내 노예로 쓰는 주술이다. 저주를 걸어 산 사람을 좀비로 만드는 것이 가능하다고 주장하기도 한다. 이렇듯 좀비는 카리브해 지역의 원시 종교인 부두교의 무당들이 만들어 낸 '시체 같은 사람'을 말하는 것이다. 웨이드 데이

비스의 논픽션 『나는 좀비를 만났다』에서 저자는 할리우드의 인기 캐릭터 좀비의 기원을 찾아내기 위하여 아이티로 떠난다. 수상한 약물과 주술도 발견하긴 한다. 진짜 좀비를 만나지는 못하지만 좀비의 존재는 가능하다고도 생각한다. 그리고 또 하나의 좀비를 발견한다. 공동체의 빚을 빚는 인간을 살아 있는 시체로 취급하는 것. 일종의 사회적 좀비 만들기라고 할 수 있다. 현대 사회의 인터넷 조리돌림이나 SNS로 허위 사실을 퍼뜨리는 것과도 비슷하다.

죽음에서 살아 돌아온 사람의 이야기는 신화, 전설, 민담 등에 많이 있다. 그리스 신화에서 오르페우스는 사랑하는 아내 에우리디케가 죽은 후 저승으로 찾아간다. 하데스에게 간청하여 그녀를 데려오는 것은 허락받았지만, 조건이 있다. 저승을 떠날 때까지 결코 뒤를 돌아보지 말라는 것. 하지만 의심이 든 오르페우스는 뒤를 돌아보고 만다.

일본의 이자나기와 이자나미 신화도 비슷하다. 이자나기는 죽은 아내 이자나미를 만나러 저승에 간다. 하지만 이자나미의 모습이 이미 변한 것을 보고 도망친다. 신화에 나오는, 죽은 자를 되살리려는 시도는 대부분 실패한다.

Case 2.
죽음에서 돌아온 존재의 공포

1902년 영국 작가 W.W. 제이콥스가 발표한 단편 소설 「원숭이 손The Monkey's Paw」은 죽음과 관련된 교훈을 들려준다. 저녁을 대접받은 모리스 대위가 인도 여행에서 가지고 온 마법의 물건을 보여준다. 3개의 소원을 들어준다는 원숭이 손이다. 그는 첫 번째 소원으로 돈을 원했지만 돈을 얻는 대신 아들이 죽고 만다. 죽은 아들을 다시 만나고 싶다고 빌자, 정말로 아들의 시체가 살아 돌아온다. 마지막 소원은 아들을 돌려보내 달라는 것이었다. 죽은 자를 되살리는 것은 신을 거역하고, 자연의 법칙을 파괴하는 행위다.

스티븐 킹의 소설 「애완동물 공동묘지」는 두 번 영화로 만들어졌다. 낯선 시골로 이사를 간 가족은 아메리칸 원주민이 만든 묘지를 발견한다. 그곳에 죽은 생명체를 묻으면, 살아서 돌아온다. 섬뜩한 이야기지만 소중한 고양이가 죽고 슬픔에 잠긴 가족은 묘지의 힘을 사용한다. 하지만 돌아온 고양이는 가족이 사랑하던 그 고양이가 아니다. 외양은 같지만 다른 존재다. 아들이 교통사고로 죽자 위험성을 알면서도 결국 다시 묘지에 간다. 그리고 파멸해 간다. 죽음에서 돌아오는 것은 엄청난 파멸을 함께 가져온다. 좀비도 마찬가지다. 미국 남부에서 괴담처럼 떠돌던 '좀비'는 할리우드의 〈화이트 좀비〉(1932), 〈나는 좀비와 함께 걸었다〉(1943) 등에서 무당의 저주 때문에 살아 있는 시체가 된 존재로 구현된다. 인간성과 의식이 박탈된 시체 같은 존재를 좀비라 칭했고, 시체에 부적을 붙여 움직이게 만드는 중국의 강시와는 다른 형태였다.

〈좀비의 왕〉(1941), 〈좀비의 역병〉(1966) 등에서 초자연적인 괴물로 발전해 가던 좀비는 조지 로메로의 '좀비 3부작'으로 20세기를 대표하는 캐릭터가 되었다. 알 수 없는 이유로 깨어난 시체들, 어기적거리며 탐욕스럽게 인육을 찾아 헤매는 존재, 좀비에게 물리면 다시 좀비가 되는 사람들, 사랑하는 이가 좀비가 되었을 때의 슬픔과 두려움 그리고 바이러스처럼 증식하며 다가오는 종말의 공포, 매스미디어에 세뇌되어 주체적인 사고력을 잃은 현대인에 대한 은유, 좀비보다 야비하고 잔인한 인간에 대한 절망 등 좀비의 모든 것이 '좀비 3부작'에 담겨 있다.

잔인한 고어 장면으로 인기를 끈 좀비 영화가 서구에서

유독 인기를 얻은 데는 종교적 이유도 있다. 종말의 날에 시체들이 깨어난다는 계시록의 구절 때문이다. 좀비의 출현은 종말의 예고다. 인간의 패배는 이미 결정된 것이고, 천년 왕국이 도래하기 전까지 지상에 남은 모든 인간은 죽음을 맞이해야만 한다.

또한 조지 로메로는 정치적인 의미도 부여했다. 〈시체들의 새벽〉에서 좀비들은 쇼핑센터로 몰려든다. 살아 있을 때의 습관을 반복하는 것인데, 대량 소비의 물결에서 허우적거리는 현대인에 대한 은유다. 폭주족들이 무참하게 좀비를 박살 내고 괴롭히는 모습을 보면 한편으론 현대인이 얼마나 가련한 존재인지 깨닫게 된다. 자신의 주관 없이 가짜 뉴스와 광고에 휘둘리고 끝내는 국가 정책과 폭력 범죄의 희생자가 되는 것이다. 좀비는 종말의 날에 깨어나는 시체들뿐만이 아니라 지금 이데올로기와 인터넷에 현혹되어 허청거리며 살아가는 현대인을 빗댄 것이기도 하다.

너무 잔인하고 끔찍했기에 비주류 공포 영화로서 득세했던 좀비물이 21세기에 들어 대중적인 공포 장르로 부상하게 된 것은 대니 보일의 〈28일 후〉(2002) 덕분이다. 초자연적인 설정을 배제하고 '분노 바이러스' 때문에 괴물로 변한

<28일 후>(2002)

사람들에 대한 공포를 그린 <28일 후>는 야수처럼 뛰어다니는 '좀비'들과 대결하는 새로운 스타일의 액션 영화였다.

<새벽의 저주>(2004)가 대성공을 거두고, 만화 원작의 드라마 <워킹 데드>(2010)가 열광적인 인기를 얻으며, 블록버스터 영화 <월드 워 Z>(2013)가 흥행에 성공하며 좀비물은 21세기를 장악했다. 만화와 소설 등에서 뱀파이어 이상으로 다양하게 변주된 좀비와 좀비 이후의 존재가 등장

하기 시작했다. 뱀파이어와 늑대 인간이 소녀들의 사랑을 한 몸에 받는 로맨틱한 반영웅으로 변신하는 동안 좀비는 현대인이 가장 두려워하는 악몽으로 확장되었다.

Case 3.
좀비는 이렇게 변해왔다

21세기의 좀비물은 단지 좀비가 나타나 인간을 공격하는 이야기만으로 진행되지 않는다. 〈쇼생크 탈출〉, 〈그린 마일〉, 〈미스트〉의 감독으로 유명한 프랭크 다라본트가 참여한 드라마 〈워킹 데드〉는 좀비가 나타나는 순간의 공포를 넘어 현대 문명이 종말을 맞이한 상황에서 약육강식의 정글에서 살아남아야 하는 사람들의 이야기를 그리고 있다. 매일 좀비와 싸우는 그들이 어떻게 미치지 않고 살아갈 수 있는지, 어떤 새로운 세상을 만들어 낼 것인지, 〈워킹 데드〉는 살아남은 인간들의 기괴한 일상과 절망을 우울하고 폭력적으로 그려낸다. 좀비의 공포를 정면으로 그린 〈워킹 데드〉는 '좀비 아포칼립스'의 대표작이다.

<워킹 데드>(2010)

그 밖에도 다양한 좀비가 있다. 드라마 〈아이좀비〉(2015)의 올리비아는 파티에 갔다가 깨어나 보니 좀비가 되어 있다. 의사였던 올리비아는 시체 검시실에 취업해서 누구도 죽이지 않고 인육을 먹으며 생존할 수 있었다. 대신 누군가의 뇌를 먹으면 그의 기억과 감정까지도 잠시 소유하게 되는데, 이 능력으로 살인 사건을 해결한다는 이야기다.

드라마 〈산타 클라리타 다이어트〉(2017)의 쉴라 역시 좀비, 언데드다. 저녁 식사로 먹은 조개 때문에 좀비가 된 쉴라는 인육을 먹고 싶다는 식욕과 함께 다른 본능도 강렬해진다. 생각하는 대로 말하고, 원하는 것을 그대로 실행한다. 에너지가 넘치고, 적극적이고 긍정적으로 변화한다.

사회의 관습과 도덕 등에 매여 갈등하는 이웃들과 달리 쉴라는 본능이 시키는 대로 맹렬하게 달려간다. 끔찍한 고어 장면들이 등장함에도 불구하고 〈산타 클라리타 다이어트〉는 밝고 유쾌한 코미디다. 코믹한 좀비물은 에드거 라이트 감독의 기상천외한 코미디 좀비 영화 〈새벽의 황당한 저주〉(2004)가 의외의 성공을 거둔 후 꾸준하게 만들어졌다. 〈블랙 쉽〉, 〈카크니즈 대 좀비〉, 〈쿠티스〉, 〈좀비 서바이벌 가이드〉, 〈좀비랜드〉 등등.

좀비가 되는 이유가 바이러스 감염이고, 치료가 가능하다면 어떤 문제가 벌어질까? 영국 드라마 〈인 더 플레쉬〉(2013)과 스페인 영화 〈리턴드〉(2013)는 좀비였던 인간의 차별과 사회 문제를 그리고 있다. 치료제를 통해 완치된 이들은 어떤 대우를 받아야 할까? 다시 좀비가 될 가능성이 있는 그들을 특별 관리하거나 격리해야 하지 않을까? 좀비였을 때 저지른 살인은 용서받을 수 있는 것일까? 그들은 과연 어떤 존재일까. 인간이면서, 우리는 아닌 존재들은 사회에서 어떤 위치에 놓여야 할까. 〈인 더 플레쉬〉는 좀비에게 가족과 친구를 잃은 이들의 분노와 불신을 보여주고, 차별에 분노한 좀비 출신들이 모여 조직을 만들기도 한다. 좀비물이 차별, 폭력, 사회 복지, 종말 등 다양한 주제로 뻗어 나갈 수 있음을 보여준다.

Case 4.
좀비는 감정을 가질 수 있을까?

좀비물에서 가장 중요한 문제는 또 있다. 사랑하는 연

인, 배우자, 자식이 좀비가 된다면?

일단 좀비 연애물로는 〈웜 바디스〉(2013)가 있다. 기억도 의식도 없고, 썩은 시체인 좀비와 어떻게 사랑할까? 〈웜 바디스〉의 좀비는 우리가 알던 '괴물'이 아니다. 인간의 뇌를 먹은 R은 죽은 자의 기억을 이어받는다. 그건 가족이나 적의 시신을 먹던 식인 부족이 죽은 자의 지혜와 힘, 용기를 물려받는다고 생각한 것과 흡사하다. 『나는 좀비를 보았다』에서도 좀비를 만드는 약에 반드시 인간의 유골이 들어가야 한다고 나온다.

〈웜 바디스〉(2013)

〈웜 바디스〉의 원작 소설을 쓴 아이작 마리온은 '만약 좀비에게 의식이 있다면 어떨까'라는 질문으로 소설을 쓰기 시작했다고 말한다. 육신이 덜 썩었고 의식이 있다면 좀비가 〈트와일라잇〉의 뱀파이어나 늑대 인간과 다를

게 무엇인가? 인간과는 다르지만 또 다른 종족으로서 이 세상에 존재하는 무엇이 될 여지는 충분히 있다.

로버트 커크먼의 《워킹 데드》, 카나자와 켄고의 《아이 앰 히어로》 등 미국과 일본의 매력적인 좀비 만화 못지않게 한국에도 뛰어난 작품들이 있다.

좀비물이면서도 지극히 인간적인 연민과 사랑을 일깨우는 강풀의 《당신의 모든 순간》, 좀비로 변한 가족을 여전히 사랑하고 지키려는 마음에 공감하게 되는 이윤창의 《좀비딸》, 아이들의 현실만이 아니라 사회의 문제점을 비판적으로 보여주는 주동근의 《지금 우리 학교는》, 좀비가 되면서 새로운 삶을 경험하게 되는 이경석의 《좀비의 시간》, 조선 시대를 배경으로 좀비 역병을 보여주는 곤마의 《조선 좀비 실록》, 아포칼립스 이후 인간으로 돌아왔지만 좀비의 기억을 가진 이들을 보여주는 모래 인간의 《좀비를 위한 나라는 없다》, 1년간 폐쇄 공간에서 인간과 좀비가 공존하며 벌이는 사투를 그린 이명재의 《위아더좀비》 등 좀비를 둘러싼 다양한 이야기가 무수하게 펼쳐지고 있다. 앞으로도 좀비의 이야기는 더욱 다양하게 전개될 것이다.

× CUT ×

좀비
퇴치법

좀비는 이미 죽은 시체다. 그래서 심장을 떼어내거나 몸이 절반으로 잘려도 움직임을 멈추지 않는다. 좀비를 죽이는 방법은 뇌를 파괴하는 것이다. 총으로 정확하게 뇌가 있는 머리 상부를 쏘거나 뾰족한 창이나 칼로 뇌를 찔러야 한다. 혹은 뇌를 머리에서 떼어내거나. 전통적인 좀비는 의식이 없는 존재다.

그런데 왜 뇌가 파괴되면 움직임을 멈추는 것일까? 영화 <새벽의 저주>에서 쇼핑몰로 몰려드는 좀비를 보면, 좀비가 생전의 습관대로 행동하는 것을 볼 수 있다. 주관적으로 의식을 하고 판단하는 사고는 멈췄어도 일종의 생활 반응이나 동물적인 감각은 남아 있는 것이 아닐까 싶다. 본능에 의한 행동이 어느 정도 가능한 수준인 셈이다.

다만 <죽음의 날> 이후 좀비물에서는 사고 판단이 가능한 좀비가 나온다. 지속적인 학습을 통해서 의식이 깨어나는 것이다. 그렇다면 뇌의 작용은 가능하지만, 일단 죽은 후 기존의 뇌가 멈추거나 파괴된 상태라고도 볼 수 있다. 천천히 반복 학습을 하거나 과거를 떠올리게 하는 강렬한 경험을 통해 뇌 깊숙이 묻혀 있던 기억이나 행동이 발견, 발굴되는 것이 아닐까.

지금 나오는 좀비물에는 의식이 그대로 남아 있는 좀비들도 있다. <산타 클라라 다이어트>와 <아이좀비> 속 좀비들은 겉으로 보기에는 살아 있는 사람과 다르지 않다. 피가 돌지 않으니 창백하겠지만 메이크업으로 충분히 감출 수 있다. 의식은 남아 있고,

고통은 느끼지 못해도 식욕은 넘쳐난다. 이 정도 되는 좀비라면 인간의 다른 종이라고 봐도 되지 않을까? 음식을 먹지 않아도 살아남을 수 있다는 점에서, 사고 판단이 가능하다면 좀비는 최강의 인류가 될 수도 있다.

그런 생각이 『나는 전설이다』에 나온다. 리처드 매드슨의 소설 『나는 전설이다』는 흡혈귀라고 하지만 좀비에 더 가까운 존재들이 나온다. 영화 <나는 전설이다>와는 다른 원작의 결말은, 인간이 멸종하고 주인공만 남은 상황을 그린다. 흡혈귀 혹은 좀비들이 끊임없이 그를 죽이기 위해 공격한다. 마침내 그는 잡히고, 이제 인류의 역사는 끝나려 한다. 세상의 슬픈 종말이 아니다. 우리가 알고 있는 세계의 종언일 뿐. 과거의 공룡처럼 인간이 사라지고 새로운 종이 지구를 접수한 것이다. 그래서 마지막 인간인 그는 새로운 종족의 전설이 된다. 흡혈귀이건, 좀비이건 새로운 지배자가 된 그들은 아득한 과거를 떠올리며 이야기할 것이다. 거인들을 물리치고 하늘의 주인이 된 제우스의 신화를 그리스인들이 이야기하듯.

웃기지만 섬뜩한 광대

언제나 가면을 쓰고 있다

S#5.

Story of Art The Clown

핼러윈 밤, 타라와 던은 집으로 돌아가다가 피자 가게에 들른다. 구석 자리에 분장을 하고 광대 옷을 입은 남자가 있다. 옆에는 뭐가 들었는지 알 수 없는 자루를 둔 채, 광대는 말을 걸어도 답하지 않는다. 우스꽝스러운 동작으로 반응할 뿐이다. 광대의 분장은 항상 웃는 얼굴이다. 타라는 뭔가 섬뜩하다며 시선을 피한다. 취한 던은 광대에게 다가가 함

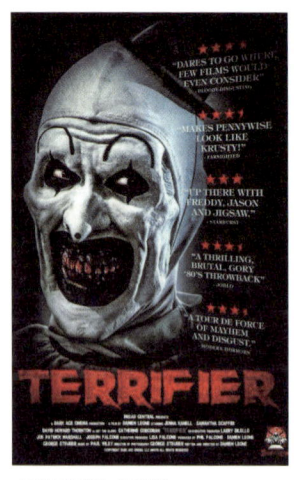

<테리파이어>(2016)

께 즐겁게 사진을 찍고 SNS에 업로드한다. 아무런 반응도 없던 광대는 일어나 뽑기 기계에서 나온 싸구려 반지를 타라에게 준다. 그리고 화장실로 간다. 가게 주인은 수상쩍게 바라보다 그를 따라 가고, 화장실을 지저분하게 사용한 광대를 내쫓는다.

피자 가게에서 나온 타라와 던은 자동차 타이어의 바람이 빠져 있는 것을 발견한다. 타라는 언니에게 전화를 걸어 데리러 와달라고 부탁하고는 기다리는 동안 화장실에 가려고 건물에 들어선다.

자동차에서 기다리던 던은 라디오에서 살인 사건 속보를 듣는다. 그들이 들렀던 피자 가게다. 용의자가 광대 복장을 했다는 말을 듣는 순간 차 문이 열리고, 광대가 들어온다.

'아트 더 클라운'이라는 남자는 피자 가게 주인과 종업원을 죽이고, 타라와 던을 쫓아왔다. 이유도 목적도 없이, 그저 그들을 죽이기 위해서. '아트 더 클라운'의 진짜 얼굴은 아무도 알지 못한다. 누구도 본 적이 없다. 항상 웃는 분장으로, 가면 속의 얼굴을 숨기고 사람을 죽인다.

Case 1.
웃으면서 악행을 저지르는 광대

피에로Pierrot는 연극에서 슬픈 얼굴의 분장을 한 광대 캐릭터다. 익살스러운 웃음을 짓는 클라운Clown과는 다르다. 하지만 서양이 아닌 한국이나 일본에서 삐에로와 클라운은 혼동된다. 클라운의 얼굴을 보고 삐에로라 말하기도 하고, 받아들이는 사람도 삐에로와 클라운의 차이에 대해 크게 신경 쓰지 않는다. 그러니 여기에서는 삐에로나 클라운 모두 광대라 지칭하며 이야기를 해보자. 연극에 등장하며, 관객에게 웃음을 주는 광대가 왜 공포 캐릭터인 것일까?

웃는 모습으로 분장한 광대는 아무리 슬퍼도 웃어야 한다. 눈물을 흘려도, 관객은 그의 익살스러운 행동에 웃을 뿐이다. 영화 〈조커Joker〉(2019)에서 아서 플렉은 웃음이 터지면 참을 수 없는 병이 있다. 슬프고 화가 나는 상황에

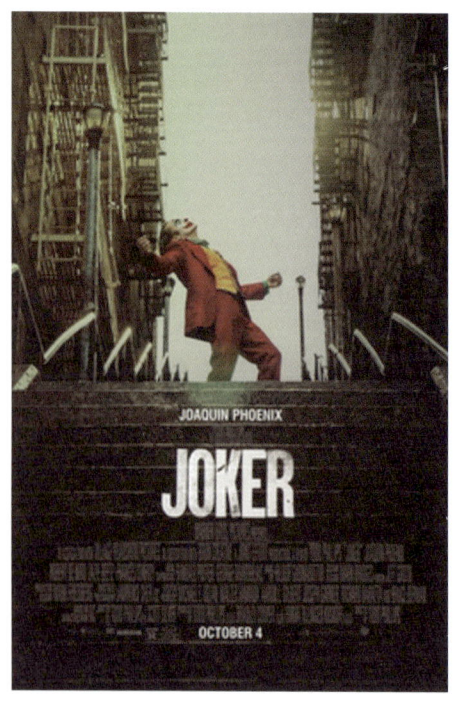

<조커>(2019)

서도, 아서는 웃어야만 한다. 세상이 나를 버렸다며 절망한 아서는 얼굴에 광대 분장을 하고 토크쇼에 나간다. 배트맨의 '얼터 에고Alter Ego'인 조커의 광대 분장도 클라운이다. 언제나 웃으면서 지독한 악행을 저지른다.

현실에서도 광대 분장은 공포의 상징이 된 적이 있다. 1970년대 미국에서 연쇄 살인을 저지른 존 웨인 게이시는 건축업으로 성공을 거두었으며, 지역 사회에서 다양한 봉사활동을 하며 인정받는 지역 유지였다. 1978년 체포된 게이시는 6년간 30명이 넘는 사람을 죽였다고 자백했다. 게이시는 평상시 지역에서 광대 분장을 하고 자선 행사와 파티 등에 참가했고, 인기를 끌었다. 수감 중에도 많은 광대 그림을 그렸다. 끔찍한 연쇄 살인마가 광대 분장을 하고 아이들을 즐겁게 했다는 사실은 너무나 역설적이었고, 광대의 웃는 분장이 때로 섬뜩해 보이는 효과를 준 사건으로 유명하다. 이후 미국 대중문화에서 광대, 클라운은 공포 캐릭터로서 자주 등장하게 되었다.

그러니 광대 공포증이 생기는 것도 당연하다. 코울로포비아Coulrophobia는 광대에 대해 비합리적이고 지속적인 공포를 느끼는 증후군이다. 단순히 광대가 싫거나 불편하다

자신을 반영하는 또 다른 자아라는 뜻으로, 영미권 서브 컬처에서는 타자를 통한 자신의 정체성이라는 의미로도 쓰인다. 니체가 말한 '네가 오랫동안 심연을 들여다본다면, 심연 또한 너를 들여다볼 것이다'의 의미도 있다.

고 느끼는 것을 넘어, 바라보거나 떠올리는 것만으로도 심각한 불안감, 패닉 발작, 공황 등의 증상을 유발한다.

광대에게 공포를 느끼는 큰 이유는 예측 불가능성 때문이다. 광대의 분장은 그들의 실제 표정을 숨기고, 어떤 감정이나 의도가 있는지 알 수 없기에 본능적인 불안감을 준다. 통제 불가한 상황에 대한 원초적인 두려움이다. 인간과 유사하지만 미묘하게 다른 무언가를 볼 때 불쾌감이나 거부감을 느끼는 언캐니 밸리Uncanny Valley(불쾌한 골짜기)와도 흡사한 느낌이라고도 할 수 있다.

Case 2.
광대 얼굴을 한 악마들

가장 유명한 광대는 스티븐 킹의 『그것It』(1986)에 등장하는 페니와이즈다. 『그것』은 1990년 TV 드라마로 만들어진 적이 있고, 2017년 2부작 영화로 제작되어 성공을 거두었다. 유난히 실종 사건이 많이 일어나는 마을 데리. 영화 배경으로는 1989년과 2016년이다.

'루저 클럽'의 일원인 빌은 폭우가 쏟아지는 날 사라진 동생을 찾아 나선다. 빌과 친구들이 알게 된 사실은 27년마다 '그것'이 나타난다는 것. 빨간 풍선을 든 광대가 빌의 동생을 포함하여 많은 아이들을 납치해 간 것이다. 27년이 흐르고, 성인이 된 빌과 친구들은 고향인 데리로 돌아가서 페니와이즈에 맞서기로 한다. 그런데 페니와이즈는 단순한 괴물이나 악령이 아니었다. 데리의 지하에 잠들었다가 27년마다 깨어나는 페니와이즈는 지구에 인류가 나타나기도 전에 우주 공간에서 지구로 떨어진 미지의 존재였다.

죽음의 빛(Deadlights)이라 불리는 절대적인 악이자 초월적인 존재. 왜 하필 광대의 모습일까, 하면 이유는 하나다. 언제나 웃고 있는 클라운의 얼굴은 어딘가 섬뜩하니까.

원제가 'Killer Clowns from Outer Space'인 〈외계인 삐에로〉(1988)라는 영화가 있다. 한국에서는 1989년에 비디오로 출시되었다. 당시에는 흥행하지 못했고, 평가도 그저 그랬지만 비디오로 나온 후 점점 화제가 되고 인기가 높아졌다. 2024년에는 비디오 게임으로 출시되었을 정도다.

미국의 시골 마을에 유성 같은 물체가 떨어진다. 서커스 천막같이 생긴 외계 물체에서 광대 모습의 외계인이 나와

<외계인 삐에로>(1988)

사람들을 솜사탕으로 만들어 잡아먹는다. <외계인 삐에로>는 오로지 광대 모습의 외계인이라는 점에서 대중을 사로잡았다. 아무런 과학적 근거는 없지만, 기괴하면서도 소름 끼친다.

2016년 1편이 나오고, 22년에 2편, 24년에는 3편이 나온 <테리파이어Terrifier> 시리즈에는 '아트 더 클라운'이라는 캐릭터가 나온다. 핼러윈 날 나타나 끔찍하게 사람들을 죽이는 광대다. 누군지도 모르고, 어디에서 왔는지도 모른다. 광대 분장만이 그를 설명하는 모든 것이다. 2편, 3편으로 가면서 기이한 살인마는 초월적인 힘을 가진 괴물로 그려진다. 최근 영화에 등장한 가장 무서운 광대 캐릭터라고 할 수 있다. 조커, 페니와이즈, 아트 더 클라운 등 대중문화 속의 광대는 공포 캐릭터로 많이 활용된다. 아마도 강요된 웃음이 주는 슬픔과 공포 때문이 아닐까.

× CUT ×

폭력적인 광대, 나르시시스트인 광대

  2016년, 미국과 유럽에서는 광대 분장을 한 사람들이 위협적인 행동을 보이는 사건이 대량으로 벌어졌다. 칼이나 야구 방망이 등 흉기를 들고 지나가는 행인을 위협하거나 습격하고, 남의 집 도어락을 누르며 무단 침입을 시도하는 영상이 공개되기도 했다. 처음에는 장난에서 비롯되었지만 점차 실제 폭력 사건으로 번지기도 했다.

광대는 본래 사람들을 즐겁게 하고 웃음을 주는 존재였다. 그러나 현실의 살인마 존 웨인 게이시, 소설과 영화 속 캐릭터인 '페니와이즈'와 '아트 더 클라운' 등은 광대에 대한 인식을 뒤흔들었다.

영화 <조커>가 개봉했을 때, 한국은 물론 세계에서 현실에 대한 불만을 대변하는 아이콘으로 광대를 사용하는 현상이 있었다. SNS를 중심으로 조커 분장을 하고 과격한 행동을 하거나, 영화에서 벌어진 폭력을 모방하는 사건들이 벌어졌다. 영화 속 조커가 느끼는 좌절과 분노에 공감하면서, 조커의 폭력적인 행동을 현실에서 불만을 표출하는 수단으로 모방하려 했다고 볼 수 있다.

광대의 본질인 예측 불가능성과 폭력성이 <조커>를 통해 시각적으로 극대화되면서, 대중에게도 사회적 불안감을 안겨주었다. 광대 공포증이 있는 사람들에게는 더더욱.

하지만 배트맨의 얼터 에고이기도 한 조커는 개인

적인 불만을 사회에 전가하는 캐릭터는 아니다. 오히려 자신의 개인적 즐거움을 위해서 범죄를 거침없이 저지르는 나르시시스트에 가깝다. 오로지 자신만의 세계에 도취하여 타인을 도구로 삼는 악당인 것이다. 조커는 자신의 얼굴을 절대 보여주지 않고 가면만으로 살아간다. 코믹스 원작에서도 조커의 과거는 거의 드러나지 않는다. 과거가 등장해도 그것이 진실인지 아닌지 애매하게 처리한다. 모든 것이 사실일 수도 있고, 모든 것이 거짓일 수도 있는 존재가 조커다.

친구의 친구가 경험한

무서운 이야기

괴담이 흘러넘치는 도시

어딘가에서 누군가 겪은 무서운 이야기

S#1.

Story of Candyman

 시카고의 기호학 대학원생 헬렌 라일과 버나뎃은 도시 전설에 대한 논문을 쓰고 있다. 도시 곳곳에서 전해지는 소문, 민담, 전설 같은 것을 모으던 헬렌은 '캔디맨' 이야기를 알게 된다. 흑인 빈민가 지역인 카브리니 그린에서 떠도는 전설이었다.

 19세기 후반, 부유한 백인 지주의 딸과 사랑에 빠진 흑인 노예가 있었다. 그는 그림을 그리는 화가이기도 했다. 어느 날, 백인 지주는 그에게 딸의 초상화를 그려달라고 부탁한다. 그림을 그리는 동안, 흑인 예술가와 지주의 딸은 사랑에 빠진다. 사실을 알고 경악한 지주는 남자가 두 번 다시 그림을 그릴 수 없게 그의 오른손을 자르고 그 자리에 갈고리를 박아버린다. 그러고는 남자의 온몸에 꿀을 발라, 벌들이 날아와 온몸을 쏘아대게 만들었다. 엄청난 고통에 괴로워하던 그는 결국 죽고 만다. 하지만 죽음 이후에 그는 캔디맨이 되었다. 심야에 거울을 보며 '캔디맨'을 다섯 번 부르면 나타나는 존재다.

헬렌도 처음에는 믿지 않았다. 아이들 사이에서 떠도는 괴담 정도로 생각했다. 하지만 카브리니 그린의 어른들도 캔디맨을 믿고 있었다. 전설이 궁금해진 헬렌은 화장실 거울을 보며 캔디맨을 다섯 번 외친다. 처음에는 아무 일도 나타나지 않는 듯했지만, 헬렌이 캔디맨의 존재를 부인하자 함께 논문을 쓰던 버나뎃이 그녀의 아파트에서 잔혹하게 살해당하는 일이 벌어진다. 헬렌은 살인 용의자로 몰린다.

헬렌이 불러낸 캔디맨은 그녀의 주위를 맴돈다. 헬렌에게 누명을 씌우고 그녀를 고립시키기 위해 경찰들을 갈고리로 잔인하게 살해하고, 캔디맨의 전설을 헬렌에게 이야기해 준 앤 마리의 아이를 납치하기도 한다. 헬렌은 캔디맨의 존재를 믿게 된다. 기묘한 환각까지 보면서 그녀의 머릿속에서는 현실과 환상이 뒤섞여 버린다.

헬렌은 우연히 캔디맨이 그린 연인의 그림을 보게 된다. 그림 속 여인의 얼굴은 바로 헬렌이었다. 헬렌은 그녀의 환생인 것일까? 어쩌면 헬렌이 캔디맨을 부른 것은 운명이고, 캔디맨은 과거의 사랑을 되찾기 위해 헬렌의 주변에서 살인을 저지르는 것 아닐까?

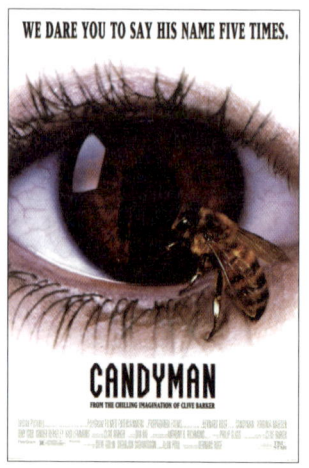

<캔디맨>(1993)

캔디맨은 헬렌에게 공포의 대상이었지만 동시에 그의 비극적인 과거와 고통에 대한 연민, 그리고 그녀 자신과의 불가사의한 연결고리 때문에 매혹의 대상이기도 했다. 캔디맨 역시 헬렌을 과거의 연인과 동일시하며, 납치한 아이를 이용하여 카브리니

그린으로 그녀를 끌어들인다. 캔디맨은 헬렌이 자신처럼 고통을 겪고 초자연적인 존재로 거듭나 자기 세계로 들어오기를 바란다.

결국 마지막 순간 헬렌은 스스로를 희생하기로 결심한다. 아이를 구하고, 캔디맨을 다시 죽음으로 밀어넣는다. 헬렌과 캔디맨의 사랑은 이루어질 수 없다. 그들은 비극적인 운명을 맞이해야만 한다.

그러나 전설은 남는다. 이제는 캔디맨만이 아니라 아이를 구하고 캔디맨에 맞서 싸운 헬렌의 용감한 이야기 역시 전설의 일부가 되어 사람들에게 전해진다. 도시의 전설은, 전해지는 괴담은 그냥 사라지지 않고 덧붙여지고 변형되면서 영원히 살아남는다.

Case 1.
도시 전설, 괴담

〈캔디맨Candyman〉(1993)은 흑인이 많이 살던 시카고 한 지역에 전해지는 괴담을 들려준다. '캔디맨' 캐릭터는 허구지만, 실제 사건과 사회적인 상황에 기반한다.

거울을 보고 초자연적인 존재의 이름을 부르면 현실에 나타난다는 설정은 동서양 모두 있다. 서양에는 거울을 보고 '블러디 메리 Bloody Mary'를 부르면 귀신이 나타난다는 괴담이 있다. 한국에도 심야에 입에 칼을 물고 거울을 보면 귀신이 나온다는 말이 있었다.

〈캔디맨〉의 배경이 되는 지역은 흑인이 모여 사는 빈민가로, 거대한 공동 주택이 지어졌던 곳이다. 건축비를 줄이기 위해 집과 집 사이의 벽을 얇게 만들거나 벽 가운데를 채우지 않고 비워두는 경우도 있었다고 한다.

일반적으로 배관 때문에 욕실은 옆집과 대칭으로 만든다. 세면대가 양쪽으로 붙어 있다면, 거울을 사이에 두고 옆집 사람과 마주 보는 양상이 된다. 옆집에 사이코패스나 변태가 살고 있다면 얇은 벽을 통해 들리는 소리를 쉽게 엿들을지도 모른다. 벽에 구멍을 뚫고 보거나 아예 옆집으로 들어갈 수도 있을 것이다.

이런 방식으로 범죄가 벌어지기도 했다고 한다. 옆집에서 엿듣고 엿보다가 벽이나 거울을 부수고 침입하는 '괴물'은 실제로 존재했다. 이렇듯 도시 전설은 현실의 개연성을 바탕으로 허구의 이야기가 덧붙어 만들어져 왔다.

1998년 영화 〈캠퍼스 레전드〉가 개봉했다. 그리 잘 만든 작품은 아니지만, 흥미를 끌 만한 요소가 있었다.

뉴잉글랜드의 펜들턴 대학에는 수십 년 전, 어떤 교수가 학생들을 대량 학살했다는 이야기가 내려온다. 정확한 증거는 없다. 학교 측에서 은폐했다는 것이다. 인류학과의 웩슬러 교수는 수업 시간에, 입에서 입으로 전해지는 '괴담'이 도덕적 훈계를 암시한다고 말한다. 해서는 안 될 행동, 깨지 말아야 할 금기 등을 지키지 않았을 때 벌어질 수 있는 끔찍한 상황을 괴담으로 경고한다는 것이다. 얼마 후, 유명한 도시 전설의 상황을 그대로 재연한 살인극의 희생자가 연이어 나오기 시작한다.

〈캠퍼스 레전드〉의 원제는 'Urban Legend'다. 캠퍼스에서만 전해지는 괴담이 아니라 '도시 전설'인 것이다. 도시 전설은 많은 사람이 사실이라고 믿지만 검증되지는 않은 특이하고 흥미로운 사건들을 말한다.

근대 이전의 민담, 설화와 비슷하다고 할 수 있다. 민담과 설화는 사람들의 입과 입을 통해 전달되었다. 고대, 중세

<캠퍼스 레전드>(1998)

에는 사람들의 이동이 제한적이었다. 마을에서 겪은 신기한 체험이나 귀신 이야기가 밖으로 퍼지기 위해서는 마을 밖에서 들어온 장사꾼 혹은 유랑자가 필요했다. 마을 사람들은 이방인이 들려주는 외부의 신기한 이야기에 매혹되고, 자기 마을의 기이한 이야기도 들려주며 괴담이 퍼져나갔다. 이렇게 전해진 이야기를 엮은 책 중 하나가 일본의 민담과 설화를 모은 라프카디오 헌의 『괴담』이다.

중세까지의 민담과 설화가 지금은 '도시 전설Urban Legend'이라고 불린다. 도시에는 수많은 사람이 살고 있고 무수하게 곁을 지나쳐 가지만, 그들이 누구인지는 알지 못하는 익명성의 공간이다. 마찬가지로 서울에 살면서도, 이

곳 어딘가에서 벌어지는 일을 나는 직접 볼 수 없고 경험할 수 없다. 주변에서 벌어지지만 나는 전혀 모르는 이야기들이 입에서 입으로 그리고 인터넷을 통하여 떠돌다가 나에게까지 전해지는 것이 도시 전설, 괴담의 기본적인 형식이다.

과거에는 도시 전설이 주로 작은 모임이나 농호회, 캠프파이어 등의 장소에서 구전으로 전파되었다. 한국이라면 미장원과 오락실, 당구장 등도 도시 전설의 중요한 유포지였다. 미국에서는 지역 라디오 방송국도 한몫했다.

지금은 각종 온라인 게시판, 페이스북과 X, 인스타그램, 유튜브 등 소셜 미디어를 통해서 순식간에 공간의 제약 없이 전파되고 있다. 어딘가에서 무서운 이야기가 시작되고 괴담이 만들어지면 인터넷을 통하여 순식간에 퍼져나가 구체적인 디테일이 덧붙여지고, 새롭게 각색되며 거대해진다.

'도시 전설Urban Legend'이라는 용어를 처음 사용한 것은 미국의 민속학자인 리처드 도슨Richard Dorson이다. 리처드 도슨은 1960년대 후반부터 현대 사회에서 유통되는, 허구지만 사실처럼 여겨지는 이야기들을 연구하며 '도시 전설'이라는 단어를 사용했다.

이후 미국의 민속학자 잰 해럴드 브룬밴드Jan Harold Brunvand가 1981년 『사라진 히치하이커: 미국의 도시 전설과 그 의미The Vanishing Hitchhiker:American Urban Legends & Their Meanings』를 출간하면서 대중화된다.

브룬밴드는 과거의 민담과는 다르게 현대 도시의 환경과 문화를 반영하는 이야기들이 만들어지고 유통된다는 점에 주목하여 도시 전설이라고 강조했다. 반드시 '도시'에서만 벌어지기 때문이 아니라 '현대적'이라는 의미에서 '도시 전설'이라는 용어를 사용한 것이다.

Case 2.
왜곡된 진실과 현실적인 공포

도시 전설에는 다양한 유형이 있다.

† 락 팝스 캔디와 콜라를 함께 먹으면 뱃속에서 폭발한다.
† 눈을 크게 뜨고 재채기하면 안구가 튀어나올 수 있다.
† 유명 뮤지션의 음반을 거꾸로 재생하면, 악마를 찬양하는

메시지가 흘러나온다.

† 아이가 키우던 악어를 부모가 변기에 버렸는데 하수구에서 거대해진 채 살고 있다.

서태지의 3집 음반에 수록된 〈교실 이데아〉를 거꾸로 틀면, "피가 모자라."라는 말이 들린다는 도시 전설도 있었다. 하수구에 사는 악어 괴담은 1980년 〈엘리게이터〉로 영화화됐다.

† 밀폐된 방에서 선풍기를 틀고 자면 질식사한다.
† 덕수궁 돌담길을 연인이 함께 걸으면 반드시 헤어진다.

이런 도시 전설들은 모두 사실이 아니고, 과학적 사실을 왜곡하거나 거짓된 소문이 회자되는 경우다.

† 어떤 여성을 만나 원나잇을 하고 아침에 일어나 보니 아무도 없고 거울에 '에이즈에 걸린 걸 환영해 Welcome to AIDS'라는 말이 적혀 있었다.
† 여행지에서 무심코 현지인이 준 음료를 먹었다가 온몸에 고

<투리스터스>(2006)

통을 느끼며 깨어났다. 몸에는 수술 자국이 있었고, 병원에서 검사를 해보니 신장이 사라졌다.

한국, 일본, 중국은 물론 전 세계에 비슷한 괴담이 있었다. 2006년 만들어진 영화 <투리스터스Turistas>는 브라질 여행을 갔다가 장기 밀매 조직에 잡힌 여행자들의 이야기다.

† 쇼핑몰의 의류 상점 탈의실에 들어가면 납치를 당해 외국 어딘가로 끌려간다.

이것도 전 세계 어디에나 있는 도시 괴담이다. 이 괴담의 시작은 아마도 1969년 프랑스 남부의 작은 도시 오를레앙이다. 당시 오를레앙의 10대들 사이에서 번화가의 어느 부티크 탈의실에 들어가면 납치되어 외국의 매춘업자에게 팔려 간다는 소문이 돌기 시작했다.

부티크 주인과 범죄 조직이 유태인이라는 이야기로 확대되면서 경찰에서 수사까지 하고, 정부에서 사실무근이라며 공식적인 발표를 하기에 이르렀다. 하지만 지금까지도 세계 각국에서 퍼져나가고 있다.

† 한 일본인 연인이 인도로 여행을 갔다. 그들은 번잡한 축제를 구경하다가 서로 손을 놓쳤고, 사라진 여자를 찾을 수 없었다. 경찰에 신고해도 아무런 단서를 얻지 못한 채 일본으로 돌아간 남자는 주기적으로 인도로 가서 여자의 행방을 좇았다. 몇 년간 인도 곳곳을 찾아도 여자의 흔적조차 없었다. 남자는 어느 날, 다시 찾은 인도에서 한 축제의 서커스단의

광고를 봤다. '오뚜기 여자'라는 문구가 있었다. 아무 생각 없이 서커스 공연에 들어간 남자는 팔다리가 잘리고, 이성도 남지 않은 여자를 발견했다. 인신매매 조직에 납치되어 마약에 중독된 채 매춘을 강요당하던 여자가 실성하자 팔다리를 잘라 서커스단에 넘겨 구경거리로 삼은 것이다.

위의 오를레앙 괴담과 비슷하다. 납치되어 인신매매 당한다는 내용의 괴담은 시공을 막론하고 항상 존재한다.

† 한 여성이 오랜만에 만난 친구와 함께 자신의 아파트로 돌아왔다. 함께 자며, 그동안의 이야기를 나눌 생각이었다. 10여 분 정도 지났을까, 친구가 갑자기 일이 생겼다며 집에 가야겠다고 하더니 무슨 일이냐고 물어도 제대로 답하지 않는다. 집에 문제가 생겼다며 나중에 이야기해 주겠다고 한다. 친구가 가는 길을 모르니 알려달라고 했고 둘은 함께 집을 나섰다 엘리베이터를 타고 내려와 아파트 단지를 벗어났다. 오가는 사람들이 많은 거리에 나서자, 걸음을 재촉하던 친구는 갑자기 울먹거리며 놀라운 사실을 털어놓았다.

"경찰서에 가자. 너희 집, 침대 아래에 어떤 남자가 있어.

칼을 가진 것 같아. 깜짝 놀랐지만 못 본 척하고 함께 밖으로 나오자고 한 거야."

이 사건이 실제 벌어진 것인지는 확실하지 않지만, 집에 낯선 사람이 숨어 있는 사건은 종종 일어난다. 혼자 사는 집인데 회사만 다녀오면 미묘하게 가구가 옮겨져 있거나, 음식이 사라지는 것이다. 슬쩍 CCTV를 설치해서 확인해 봤더니, 화장실 천장 등 빈 공간에 침입자가 살고 있었다. 영화 〈숨바꼭질〉(2013)과 〈도어락〉(2018)도 낯선 이가 감쪽같이 집에 숨어들어와 있는 공포를 그린 영화다. 이런 도시 전설들은 실제 벌어진 범죄를 반영하면서, 범죄와 현실에 대한 대중의 공포심을 반영하여 창작된 이야기다.

Case 3.
초자연적 존재와 경험

† 미국의 외딴 도로를 달리던 차가 히치하이커를 발견한다. 젊은 여성이었다. 별 의심 없이 목적지를 물었더니 비교적

가까운 마을이었다. 자동차 뒷좌석에 탄 여성은 아무 말도 없이 창밖만 바라보고 있다. 뻘쭘한 남자도 말없이 차를 몰았고, 목적지에 도착하여 뒤를 돌아봤다. 그런데 뒷좌석에는 아무도 없었다. 어리둥절한 남자가 차에서 내려 주변을 둘러보자 이상하게 생각한 집주인이 다가왔다. 남자는 처한 상황을 말하고, 여성의 인상착의를 들려주었다. 그러자 집주인은, 아마 자신의 실종된 딸인 것 같다고 대답한다.

미국에서 가장 유명한 도시 전설인 '사라진 히치하이커'는 세계 각국에 비슷한 설정과 구성의 이야기가 있다.

† 자정, 거울 앞에서 눈을 감고 '블러디 메리'를 세 번 외치면, 거울 속에 메리가 나타난다. 메리에게 궁금한 것을 물어보면 무엇이든 답해준다. 미래의 배우자나 취업, 운세 등등. 그런데 혹시 메리가 칼이나 가위 등의 흉기를 들고 있다면 바로 도망쳐야 한다. 잔인하게 살해당하기 때문이다.

거울을 보고 이름을 부르면 귀신이나 악령이 나타난다는 괴담 역시 어디에나 있다. 한국에도 칼을 물고 새벽에 거울을 보면 배우자의 모습이 나타난다는 이야기가 있었다.

† 미국의 한적한 숲에서 주로 발견되는, 양복을 입은 엄청나게 마르고 키가 큰 남자. 얼굴에는 눈, 코, 입이 없다.

이 슬렌더맨 괴담은 고대부터 존재했다는 설도 있었지만, 2000년대에 들어 인터넷에 합성 사진이 올라오면서 널리 퍼지게 되었다. 슬렌더맨 캐릭터 역시 에릭 크누드센이라는 사람이 만든 것으로 확인되었다. 허구로 만들어 낸 도시 전설이었지만, 사실이라고 믿은 사람들이 워낙 많았다.

<슬렌더맨>(2018)

2014년 미국 위스콘신주에서 12살의 초등학생 2명이 슬렌더맨의 명령이라며 친구를 칼로 찔러 살해하려는 사건이 일어났다. 다행히 피해자는 죽지 않았고, 두 범인은 2017년 정신

병원 치료 판결을 받았다. 이 괴담은 2018년 영화 〈슬렌더맨〉으로 만들어졌다.

† 길을 가던 아이에게 빨간 마스크를 쓴 여자가 다가온다. "내가 예쁘니?" 기괴한 분위기에 놀란 아이가 예쁘다고 답하면, 여자는 빨간 마스크를 벗는다. 여자의 입은 귀밑까지 길게 찢어져 있다. "똑같이 해줄게."라고 말한 여자는 아이의 입을 귀밑까지 찢어버린다. 예쁘지 않다고 답하면, 여자는 화를 내며 아이의 입을 역시 귀밑까지 찢어버린다.

빨간 마스크 괴담은 일본에서 시작하여 한국, 대만, 홍콩 등 동북아시아 지역에서 화제가 되었다. 처음 시작은 1970년대 말 일본 기후현이었고, 1983년 무렵부터 한국에서도 화제였다. 일본에서는 초등학생 사이에 널리 퍼졌지만, 한국에서는 여고생을 중심으로 먼저 확산되다가 초등학생까지 휩쓸었다.

당시 한국 초등학교에서는 가정 통신문을 통해 빨간 마스크가 헛소문이라며 아이들을 진정시켜 달라고 부탁할 정도였다. 일본에서는 2000년대, 한국에서는 2004년과 2013

년에 다시 인기를 끌었다. 빨간 마스크의 기원과 능력은 시간이 흐를수록 점점 다양해졌고, 수많은 변주와 재창작이 이루어졌다.

영화 〈나고야 살인사건〉(2007)은 빨간 마스크를 소재로 만들어진 영화다. 원제가 〈口裂け女〉(입 찢어진 여자). 이 외에도 일본의 만화나 애니메이션에는 아주 많은 빨간 마스크가 등장했다. 한국에서는 코믹한 내용으로 변주한 단편 영화 〈빨간 마스크 KF94〉(2002)가 만들어졌다.

† 2004년 1월 8일 일본의 인터넷 커뮤니티 2ch에 '키사라기역'이라는 글이 올라왔다. 작성자는 하스미라는 사람이었다. 하스미는 밤 11시 40분에 전철을 탔는데, 열차가 무려 20분간 멈추지도 않고 어둠 속을 달렸다고 한다. 그리고 키사라기역에 도착했는데, 이곳은 어떤 노선도에도 없는 역이다. 하스미는 키사라기역의 역명판을 찍어서 함께 올렸다. 사람도 없고, 건물도 보이지 않고, 택시도 없는 곳. 이상한 노인을 만나지만 그는 바로 사라지고, 하스미는 선로를 걸어 터널을 통과한 뒤에 겨우 택시를 발견했다. 택시를 탔는데 운전수도 이상하고, 낯선 곳으로 달렸기 때문에 다시 도

망치려 한다. 도망치겠다는 내용을 마지막으로 더 이상 하스미의 글은 올라오지 않았다.

몇 년 뒤에 하스미의 글이 다시 올라오기도 했지만, 그 글 또한 수수께끼 같은 내용이었다. 사실을 확인할 수 있는 내용이 전혀 없었고, 열차 시간이나 노선 등을 살펴보았을 때 현실의 사건으로 보기 힘들었다.

결국은 누군가의 창작이라고 결론지을 수밖에 없었지만, 작성자의 정체 역시 밝혀지지 않았다. 허구라 해도, 당시 2ch에 올라온 글은 대단히 많은 사람의 관심을 끌었고 이후에도 화제를 모았다.

키사라기역 괴담은 2022년 영화로 만들어졌고 한국에서는 〈도쿄 괴담〉이라는 희한한 제목으로 개봉했다.

〈기묘한 이야기〉(2016)

이런 도시 전설은 진위를 파악할 수 없는 초자연적인

존재와 상황을 다루며 소문처럼 전해지는 이야기다.

도시 전설과 괴담은 지금도 다양하게 만들어지고 있다. 전설과 괴담을 딱히 나눌 필요는 없지만 '전설'보다 '괴담'이 더 친근하고 귀에 잘 들어온다. 귀신, 초자연적인 존재나 상황이 나오지 않더라도, 도시 전설의 대부분은 기이하고 괴상한 사건을 이야기하는 경우가 많다.

미국 드라마인 〈엑스 파일X-Files〉, 〈환상 특급Twilight Zone〉, 〈아우터 리미츠Outer Limits〉, 〈기묘한 이야기Stranger Things〉 등에 나오는 에피소드를 한 단어로 묶어서 말한다면, 역시 '괴담'이다. 이제는 도시 전설보다 도시 괴담이라고 쓰자.

× CUT ×

괴담에서
도망치는 법

괴담에는 각각의 설정과 스토리가 있기 때문에, 그 해답도 저마다 다르다. 집에서 귀신을 본다면 부적을 쓰거나 무당을 불러 굿을 하기도 한다. 저주받은 물건을 받았다면 태워버리거나 밖에 버린다. 귀신의 한을 풀어주거나, 원혼을 다른 사람에게 떠넘겨 버리는 등 무한하게 많은 해결책이 있다. 그리고 해결책이 없는 경우가 더 많다. 괴담의 원인은 대체로 알 수 없기 때문에 벗어날 방법도 없다.

빨간 마스크는 한국, 일본뿐만 아니라 중국과 대만 등에서도 유행했다. "나 예뻐?"라는 질문에 대답하면, 마스크를 벗어 찢어진 입을 보여주고 답한 아이의 입을 똑같이 찢는다는 괴담. 어떤 대답을 하더라도 입을 찢는다는 것이 일반적이다. 예쁘다고 말하면 자기처럼 예쁘게 해주겠다며 똑같이 입을 찢어버리고, 예쁘지 않다고 말하면 화를 내면서 자기처럼 입을 찢어버린다.

'그저 그래'라고 말하면 넘어간다는 말도 있다. 어느 쪽도 아니기 때문에. 하지만 원혼의 입장에서는 더 화가 나지 않을까? 어쨌거나 예쁘지는 않다는 쪽이니까. 빨간 마스크를 만난다면, 그에게 "나 예뻐?"라는 질문을 받는다면 빠져나갈 방법은 사실 없다고 봐야 할 것이다.

장기 밀매 괴담이나 오뚜기 여자 괴담에서 도망치려면 여행지에서 조심하는 것밖에 없다. 일단 현지인에게 음료수를 받아서 먹는 것은 피해야 한다. 뚜

껑이 열려 있건 아니건 상관없다. 주삿바늘로 약을 넣을 수도 있으니까.

현지인 집에 가는 것도 피해야 한다. 유튜브 여행 채널에는 현지인의 집에 가는 경우가 종종 나온다. 당연히 친절한 외국인도 있겠지만, 신뢰할 수 있는 분명한 조건이 없다면 피해야 한다. 실제로 현지인이 준 음료를 먹었다가 병원이나 거리에서 깨어나는 경우는 정말 많다. <호스텔>(2005)이라는 영화처럼, 인생을 망치는 일도 현실에는 존재한다.

분신 사바를 하거나 '블러디 메리'나 '캔디맨'을 부르는 등 강령이나 빙의를 유도하는 행동은 가급적 하지 않는 것이 좋다. 영화 <톡투미>(2013)에는 파티에서 강령 의식을 하는 10대들이 나온다. 일종의 장난으로, 누군가의 영혼이 들어와 잠깐 이야기를 나누는 놀이다. 그런데 평범한 보통의 영혼이 아니라 악령이 들어오면서 심각한 문제가 발생한다.

<위자: 저주의 시작>(2016)은 죽은 자와 대화할 수 있는 '위자 보드' 게임을 했다가 악령이 나타나는

악몽을 그린다. 분신 사바, 위자 보드 등은 대체로 문제가 없지만, 아주 드물게 악령이나 악마가 나타나는 경우가 있다. 폐가나 흉가에 가지 말라는 이유도 비슷하다. 대개는 문제가 없지만 잘못하면 원혼이 달라붙거나 해코지하는 경우가 생기니까. 그러니 피치 못할 특별한 이유가 없는 한 하지 말라는 행동은 하지 않는 게 좋다.

입에서 입으로 전해지는 괴담

현실의 이면, 실화 괴담

S#2.

Story of Mother

수영이 사는 아파트 단지는 유난히 밤길이 어둡다. 가로등이 오래되어서 그런지, 전기료를 아끼려고 조금만 달아둔 건지, 수영은 밤에 단지 안을 걸을 때마다 투덜거렸다. 무서운 소문도 있었다. 예전에 아파트 옥상에서 투신자살한 여학생의 귀신을 보았다는 이야기가 떠돌았다. 그 때문인지 거의 모든 아파트 동의 옥상으로 가는 문은 잠겨 있었다.

수영은 학원 승합차에서 내리면 늘 전력으로 아파트 공동 현관까지 달렸다. 내리기 직전에 문자를 보내면, 엄마는 엘리베이터를 타고 내려와 공동 현관에서 기다렸다.

오늘도 수영은 문자를 보내고, 달렸다. 이상하게도 오늘은 다리가 유난히 무겁고, 안개가 자욱하다. 숨도 병소보다 가쁘다. 멀리 아파트 입구에 서 있는 엄마가 보인다. 엄마는 수영을 보고 손을 흔든다. 수영이 현관에 들어서며 숨을 헐떡거리자 엄마가 물었다.

"왜 이렇게 뛰어왔어?"

"몰라. 기분이 이상해. 여기 소름 돋은 거 봐."

수영이 손을 내밀자, 엄마가 수영의 팔뚝을 만진다. 엄마 손이 차가워서 소름이 확 돋는다.

수영은 엄마와 함께 엘리베이터에 탔다. 마음은 조금 진정되었지만 뭔가 기분이 가라앉는다. 평소와는 다른 느낌이다. 엘리베이터 위를 올려다보며 엄마에게 말했다.

"엄마, 밤중에 엘리베이터 혼자 타면 진짜 무서울 것 같아. 지금도 좀 서늘한데."

하지만 엄마는 아무 말이 없다.

"안 그래?"

수영은 고개를 내리며, 앞에 선 엄마를 쳐다봤다. 엄마가 천천히 고개를 돌리며 말했다.

"내가 네 엄마로 보이니?"

수영을 바라보는 엄마의 눈이, 시뻘겋게 물들어 있다.

Case 1.
괴담이란 무엇인가

최근 한국에서는 〈심야 괴담회〉가 인기다. 일반인 투고를 받아 사연을 낭독하고, 재연 영상을 만들어서 괴담을 보여준다. 과거에도 〈이야기 속으로〉, 〈토요 미스테리 극장〉 등 비슷한 포맷의 방송이 있었다. 그 당시에도 인기가 좋았지만 몇 달 지나지 않아 종영했다. 기독교를 중심으로 한 시청자 단체에서 '미신 조장'이라는 이유로 항의가 많았기 때문이다. 케이블 방송에서 흉가 체험을 하거나 무당을 섭외해 빙의된 사람을 만나는 심령 프로그램도 인기를 끌었지만, 같은 이유로 금방 사라졌다. 방송 심의 위원회를 비롯해 정부 기관에 대한 기독교 집단의 영향력이 강했기 때문이다.

지금 〈심야 괴담회〉의 방송이 지속 가능한 이유는, 역설적으로 공중파의 힘이 약해져서다. 공중파보다 케이블, 케이블보다 유튜브의 영향력이 압도적으로 강하다.

유튜브에는 괴담을 들려주는 채널, 흉가와 폐가 등 심령 스폿을 찾아가는 채널, 무당과 고스트 헌터 등 미신이라고 비난받던 소재와 주제를 다루는 채널이 많은 인기를 끌고 있다. 이런 주제도 특별히 혐오를 자극하지 않고, 선정, 폭력적이지 않으면 제재를 받지 않는다.

유튜브에 비해 공중파의 영향력이 훨씬 약해지며 적자인 상황에서, 공중파를 심하게 규제하거나 검열하기는 힘들다. 이제 공중파에서는 유튜브에서 인기 있는 소재와 주제를 가져오고, 유튜브가 자주 사용하는 포맷과 편집으로 프로그램을 만든다.

〈심야 괴담회〉는 유명 배우나 가수 등이 게스트로 많이 참여하고, 재연의 퀄리티도 높은 편이라 인기를 끌었다. 하지만 유튜브에 나오는 괴담 채널과 크게 다르지는 않다. 인터넷의 괴담 채널과 〈심야 괴담회〉가 인기를 얻는 이유의 핵심은 '실화'다. 정말로 있었던 이야기. 확인할 수는 없지만 내가 알 수도 있는 누군가, 내가 지나쳐 온 어딘가, 친구의 친구, 먼 친척뻘의 누군가가 정말로 겪었다는 이야기. 인터넷에 떠도는 귀신 이야기들도 대체로 친구의 친구가 보았다, 아는 친척이 경험한 이야기다, 하는 식으로 시작하는 경우가 많다.

괴담 중에는 허무맹랑한 이야기가 많으니까 뭔가 현실성을 부여하려는 시도다. 설사 헛것을 보았다 할지라도, 그것을 겪은 사람에게 그 경험은 사실이다. 적어도 그 사람이, 그 순간 공포를 느꼈다는 '사실'만은 분명하니까.

Case 2.
내가 경험한 괴담, 우리가 이야기하는 괴담

대학 시절에는 어디 놀러 가기만 하면 귀신 이야기를 했다. 공포 영화 이야기는 제외했다. 진짜 실화는 1%도 안 되었겠지만, 모든 이야기에는 실화라는 전제가 붙어 있었다.

대학 2학년, 농촌 봉사 활동을 가서 중고생들과 귀신 이야기를 나누었다. 무서운 이야기는 늘 했지만, 그때는 상황이 달랐다. 마을이 꽤 외진 곳인지라 대부분의 학생이 도깨비불 정도는 보았고, 이야기 또한 자신이 직접 경험했다거나 적어도 아버지나 이웃집 할머니 정도의 가까운 사람이 목격 또는 경험한 진짜 '실화'였다. 생생한 괴담을 듣고 있으면 나도 모르게 소름이 돋았다. 더 문제는 다음이었다.

이야기를 마치고, 마을 회관에 모여 있던 아이들을 하나씩 집으로 바래다주고 돌아서니 어두운 길에 나 혼자 서 있었다. 마을은 일자형으로 길게 늘어진 모양이었다. 반대쪽 끝에 있는 숙소까지 가려면, 꽤 먼 길을 홀로 가야만 했다. 가로등 하나 없는 깜깜한 시골길을 손전등 하나에 의지해 10여 분을 걸어가야 했다.

손전등의 불빛 외에는 아무것도 보이지 않는 암흑이었다. 점점 걸음이 빨라지고, 거의 뛰다시피 하다가 숙소의 불빛이 눈에 들어왔을 때에야 겨우 안도했다. 당시의 공포감은 '실화'라는 사실 때문이었다. 아이들이 보았다던, 아이들의 가족이나 이웃이 보았다는 무언가가 지금 이곳을 떠돌고 있지 않을까, 라는 생각이 머릿속에서 사라지지 않았다.

실화 괴담은 대부분 누군가의 경험을 통해 전달된다. 그렇다고 완전한 '사실'이라고 하기는 힘들다. 착각이나 혼자만의 망상 역시 세상에는 존재하니까. 하지만 실화 괴담의 맛은 사실의 증명에 있지 않다. 기묘한 일이 있더라, 하며 소름 끼치는 이야기를 들으면 뭔가 내 안에서 스멀스멀 공포감이 피어오르고, 들은 이야기를 누군가에게 전하고 싶어진다. 이야기를 전하고 싶어 안달 나고, 그 과정을 몇 번 거치다 보면 생생하고 구성까지 잘 짜인 자신만의 이야기로 되살아난다. 그렇게 그럴듯해진 이야기는 점점 사람들의 입을 거치고, 인터넷을 떠돌면서 생명력을 얻어간다.

실화 괴담은 무서운 것을 그대로 들여다보는 재미를 준다. 이유도, 결말도 크게 중요하지 않다. 누군가 경험했고, 그가 느꼈을 섬뜩하고 짜릿한 기분과 감정을 나도 경험할 수 있다는 것이 제일 중요하다. 현장감과 리얼함이 '실화 괴담'의 핵심이다.

〈나이트메어〉 1편을 감독하고 속편은 절대 만들지 않겠다던 웨스 크레이븐이 다시 연출을 맡은 〈뉴 나이트메어〉(1995)는 영화는 픽션과 현실을 오락가락하며 전개된다. 영화에 직접 출연한 웨스 크레이븐은 무서운 이야기가 어떻게 시공을 넘나들며 전해지고 생명을 얻어 지속되는지 들려준다. 고대의 요정이나 악마, 귀신들은 이름이 바뀌고 시대의 욕망에 조응하여 다른 형상으로 변해간다. 본질은 사라지지 않은 채 이름과 외양만 바뀌어가면서 영속하는 것이다. 괴담도 마찬가지다.

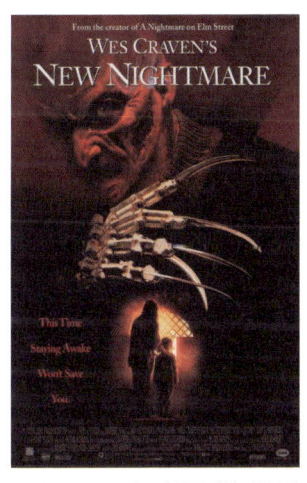
<뉴 나이트메어>(1995)

 주로 악마와 뱀파이어, 좀비가 성행하던 할리우드에서도 괴담은 점점 증식하고 있다. <겟 아웃>(2017)으로 아카데미 각본상을 받은 조던 필 감독은 사람들 사이에서 떠도는 괴담을 사회적 문제와 결합하여 찬사를 받고 있다.

 <겟 아웃>은 백인이 흑인을 마약과 섹스 등으로 세뇌하여 체제에 저항하지 못하게 만들고 있다는 음모론을 적나라하게 그려낸다. 흑인 대학생이 백인 여자친구의 집에 처음으로 놀러 간다. 인종에 대한 편견이 전혀 없는 가족이라고 생각했지만, 그들이 사는 곳은 전통적인 남부의 백인 마

<겟 아웃>(2017)

을이었고 마을 사람들은 흑인을 세뇌하여 주체적인 사고를 하지 못하는 노예로 사용한다.

<어스>(2019)는 나와 똑같은 모습의 내가 지하 세계에 살고 있다는 이야기를 들려준다. 알고 보니, 그들은 자신의 '정체성'을 빼앗기고 어둠의 존재로 살아야 했던 희생자들이었다. 우리가 살고 있는 세계가 사실은 약탈자들이 만들어 낸 가짜 평화고, 꾸며진 안정이라는 독설이었다.

<놉>(2022)은 하늘에 떠 있는 UFO가 사람들을 공격하는 미지의 생물체라고 말한다. 독특한 설정도 흥미롭지만, 조던 필이 영화를 통해 말하려는 것은 인간의 탐욕에 대한 경고다. 이에 더해 현대 사회가 소수자를 억압하고 지워버리는 역사를 만들어 내고 있다는 것.

세뇌, 도플갱어, UFO 등 도시 괴담에 자주 나오는 소재

들을 이용하여, 조던 필은 우리 사회의 구조적인 문제를 신랄하게 비판하고 공격한다. 괴담은 단지 허무맹랑한 이야기가 아니라 현실의 문제를 뒤틀린 방식으로 표현하고, 때로는 가장 폭력적으로 터뜨리는 수단이 된다. 그렇기에 실화 괴담은 곧 우리 현실의 이면이라고 할 수 있다.

<어스>(2019)

× CUT ×

꼬리에 꼬리를 물고 증폭하는 괴담

괴담은 언제나 있었지만, 인터넷 시대 이후 괴담은 폭발적으로 확장되고 있다. 인터넷이라는 매체의 특성상 익명으로 어떤 말이든 주고받을 수 있었다. 괴담은 원래 입에서 입으로 전해지면서 변주되고, 이야기가 덧붙여지는 형식이었다. 그러면서 다른 결말이 나오기도 하고, 후일담이 추가되기도 한다. 인터넷으로 한번 언급된 괴담은 사람들이 덧붙이고, 전하면서 계속 변주되어 나아간다. 원본은 크게 중요하지 않다. 이야기가 확장되면 확장될수록 더욱 많은 사람들이 열광하고 퍼져나간다.

<심야 괴담회>에서 어떤 장소에 대한 괴담이 나오면, 방송을 본 사람이 그곳에서 겪은 자신의 경험을 다시 보내면서 괴담의 스토리가 이어진다. <심야 괴담회>를 통해 화제가 된 대표적인 괴담 장소로는 대구 안경 폐공장과 식장산, 살목지 등이 있다. 방송을 본 뒤 안경 폐공장을 찾아가 본 사람들이 나타나 공장 안에서 카메라 배터리가 느닷없이 방전되거나 설명할 수 없는 이상한 소음이 났다는 등 다음 이야기를 전한다. 식장산의 경우에도 이전에 갔는데 내비게이션이 이상한 방향으로 길을 알려주었다, 방송한 괴담에서 이야기한 곳과 비슷한 장소를 보았다는 경험담이 이어졌다. 살목지도 다양한 경험담이 등장했다.

괴담은 완전한 이야기로 만들어진 뒤에 퍼지는 것

이 아니라 시간이 흐르고, 사람들이 많이 참여하면서 점점 커지고 힘을 얻어간다. 그런 점에서 괴담 자체가 하나의 생명력을 갖고 있다고 볼 수도 있다. 사람들이 무서워하면 할수록 점점 거대해진다. 또는 사람들이 말하고, 전달할수록 힘이 강해진다고도 볼 수 있다. 괴담 자체가 하나의 요괴가 된다고 볼 수도 있다. 괴담 역시 요괴처럼 사람들의 관심, 감정을 먹고 사는 것이 아닐까.

일본의 실화 괴담이 더 무섭다

괴담을 사랑한 일본의 무서운 이야기

S#3.

Story of 사다코

 중고등학생들 사이에 저주받은 비디오를 보면 일주일 후 죽는다는 소문이 퍼졌다. 친구가 봤다, 비디오를 본 친구의 친구가 죽었다는 등 이야기가 퍼지면서 어른들도 소문에 대해 알게 되지만 잦아들지 않는다.

 방송국 기자인 아사가와 레이코는 소문을 취재하던 중, 조카인 토모코의 사망 소식을 듣게 된다. 그런데 토모코의 친구 3명도 모두 같은 날 죽었다는 것이다. 토모코의 주변을 취재하던 레이코는 토모코와 친구들이 함께 여행을 가서 이상한 비디오를 봤다는 사실을 알게 된다. 여행에서 돌아온 토모코와 친구들은 무언가 겁에 질려 있었다고 한다.

토모코가 묵었던 이즈의 별장을 찾아간 레이코는 라벨이 없는 비디오테이프를 발견한다. 그녀는 혼자 비디오를 재생시켰다. 거울을 보는 여자, 아무도 없는 으스스한 우물, 물속이나 숲속 같은 기이한 풍경, 알 수 없는 이미지들이 난무하는 영상을 멍하니 바라봤다.

비디오가 끝나자, 갑자기 전화벨이 울렸다. 수화기를 들었지만 상대방은 아무런 말이 없다. 레이코는 자신이 일주일 후 죽을 것이라고 직감했다. 비디오테이프의 내용은 도저히 현실이라고 믿을 수 없었고, 정말로 저주에 걸렸다고 확신했다. 레이코는 이혼한 남편 타카야마 류지를 만나 자초지종을 이야기한다.

앞날을 예언하거나 누군가의 비밀을 알아차리는 등 기묘한 행적을 보였던 전직 의사 류지는 레이코에게 받은 비디오테이프를 본다. 그리고 염사를 통해 만들어진 것임을 알아챈다. 카메라를 통해서 영상을 찍은 것이 아니라, 알 수 없는 능력을 사용한 심령 현상으로 이미지를 창조한 것이다.

염사를 한 인물은 40여 년 전, 초능력자로 세상을 떠들썩하게 만들었던 야마무라 사다코였다. 사다코는 텔레파시, 독심술 등의 초능력을 가지고 있다고 말했으나 과학자들의 실험을 통해 부정되고 거짓말쟁이라고 비난받은 뒤, 이후로 행방이 묘연해졌다.

<링>의 사다코

레이코와 류지는 사다코의 행적을 쫓아간다. 와중에 레이코의 아들인 요이치가 저주의 비디오를 보고 만다. 아이까지 죽게 할 수 없다고 절규하던 레이코는 결국 사다코의 최후를 밝혀낸다. 사다코의 아버지이자 초능력 연구자인 이구마 박사가 그녀를 우물에 빠뜨려 죽였다. 비디오에 담겨 있는 우물의 모습은 죽음의 현장이었다.

사다코의 억울함을 풀어주기 위해 우물 안으로 들어간

레이코와 류지는 겨우 사체를 찾아낸다. 억울한 죽음의 모든 상황을 밝혀내고, 유해를 좋은 곳에 안치해 두면서 저주는 풀렸다. 일주일이 지났지만 레이코는 죽지 않은 것이다.

하지만 반전이 있었다. 모든 것이 끝나자 안심한 류지는 혼자 집에서 작업을 하고 있었다. 그런데 갑자기 TV의 전원이 켜진다. 화면이 치지직거리다가 멀리 우물이 있는 풍경이 보인다. 사다코가 죽은 바로 그 우물이다. 류지는 의아한 표정으로 TV 속 우물을 바라본다.

우물 안에서 뭔가가 나오기 시작했다. 천천히 움직이며 빠져나온 흰 옷의 여인은 바로, 사다코다. 결코 인간의 움직임이라고 생각할 수 없는 기묘한 동작으로 화면 가까이 다가오더니, 아주 느리게 화면 바깥으로 빠져나온다. 류지는 비명조차 지를 수 없다.

얼마 뒤, 레이코는 류지의 죽음을 알게 된다. 저주는 끝나지 않았다. 사다코의 죽음을 위로하는 것만으로는 저주를 풀 수 없었다. 생각한다. 레이코는 했고, 류지는 하지 않은 것이 무엇일까? 레이코는 류지에게 비디오를 복사하여 보여주었다.

그렇다면 저주를 푸는 방법은 하나다. 누군가에게 저

주를 넘겨주는 것. 비디오를 다른 사람에게 보여주어야만 한다.

레이코는 비디오를 복사한다. 그리고 비디오를 챙겨 친정의 아버지에게 전화를 건다. 지금 찾아뵙겠다면서. 아이를 살리기 위해서라면, 레이코는 무슨 일이라도 할 것이다.

Case 1.
진짜와 가짜, 그럴듯한 허상의 이야기

사다코의 출현. 지금은 TV 화면에서 어기적대며 빠져나오는 사다코의 모습이 개그나 밈처럼 쓰이지만, 1998년 〈링〉을 처음 보았을 때의 충격은 대단했다. 가장 섬뜩한 장면으로 꼽히는 〈엑소시스트〉의 스파이더 워크Spider-Walk보다 강렬했다고 단언할 수 있다. 〈링〉의 마지막 부분에서 사다코가 직접 모습을 드러내기 전까지의 공포감이 다소 아쉬웠기 때문일 수도 있다.

일본에서 〈링〉이 개봉하고 엄청난 화제라는 소식을 먼저 들었다. 일본 호러의 걸작이라는 평이 파다했다. 당시는 일본 대중문화가 국내에 개방되기 전이었기 때문에, 비디오테이프를 구해서 봤다.

이런 식으로 불법 복사한 테이프를 보다가 저주에 걸리는 것은 실화 괴담의 한 패턴이기도 하다. 그렇지만 당시에는 〈링〉도, 〈주온〉 비디오판도 비합법적인 방식으로 구해서 볼 수밖에 없었다. 은밀하게 비디오를 구해서 〈링〉을 보는데, 스토리와 연출 등 영화의 퀄리티는 높지만 기대한 것처럼 무서운 장면이 나오지는 않았다.

분위기로 긴장감을 구축하고 서서히 소름이 끼치게 하는 영화였다. 그냥 잘 만든 공포 영화구나, 생각하며 저주를 풀었다고 생각한 레이코와 류지처럼 다소 허탈한 기분이었는데 마지막 장면에서 갑자기 모든 것이 돌변했다.

〈링〉은 마지막 사다코의 장면 하나만으로도 걸작이다. 이제는 누구나 알고 있는 장면이기에 과거와 같은 감흥을 다시 느낄 수는 없겠지만, 그래도 기념비적인 장면이자 영화라는 사실은 변하지 않는다. 지금 내가 저주의 비디오를 보고 있고, 사다코가 내 앞의 TV에서 나온 것만 같은 공포였다. 류지가 느낀 공포를, 분명히 나도 느꼈다.

〈링〉의 원작은 스즈키 코지의 소설이다. 1편은 영화와 거의 비슷하고, 2편과 3편은 영화의 내용과 전혀 다르다. 영화는 전통적인 3부작 공포 영화지만, 원작은 SF와 결합하여 방대한 세계로 뻗어간다. 스즈키 코지는 〈링〉에서 저주의 방법을 '복제'로 설정했다.

아날로그를 넘어 디지털 시대로 진입한 현대에 너무나도 적합한 저주였다. 아무도 의심하거나 위화감을 갖지 않고 콘텐츠를 퍼서 나르고, 복사하고, 변주하면서 확장된다. 진짜와 가짜의 구분이 없어지고, 사실과 거짓을 판단하는 게 거의 불가능해진다. 저주가 디지털 방식으로 퍼진다면 절대로 막을 수 없다. 순식간에 좀비 떼가 퍼져나가듯 지구의 인류는 '저주받은 복제'로 멸망할 것이다.

〈링〉에서 '저주의 테이프'에 대한 이야기가 돌면서 사건이 시작되는 것처럼, 디지털 시대의 모든 것은 실화 기반의 소문에 근거한다. 시작은, 누군가 어딘가에서 실제로 경험한 이야기다. 그것이 진짜인지 아무도 확신할 수 없지만, 너무나 그럴듯하여 믿는 자들이 점점 늘어난다.

귀신도, 외계인도, 음모론도 진짜와 가짜가 뒤섞여 거대한 가상의 세계를 창조한다. 그런 점에서, 지금은 사실과 허구를 굳이 구분하지 않던 근대 이전으로 회귀한 것만 같은 기분이 든다. 이제 괴담은 허무맹랑한 환상이나 미신이 아니라 현실 어딘가에 존재하는 '실화 괴담'이 된다.

Case 2.
일본 괴담의 역사

일본은 오래전부터 실화 괴담이 대중적인 엔터테인먼트로서 중요한 역할을 했던 나라다. 현실과 허구의 구분이 희미했던 고대와 중세부터 '괴담'이 융성했다.

헤이안 시대 말기(1120년경)에 나온 『금석 이야기집今昔物語集』에는 요괴와 귀신이 등장하는 많은 이야기가 실려 있다. 이후로도 『요츠야 괴담』(1727), 『반쵸 사라야시키』(1700년대) 등의 괴담이 가부키의 소재로 다루어지며 대중적인 인기를 얻었다. 『겐지 이야기』에 실린 이야기를 원형으로 정리한 우에다 아키나리의 소설 『우게쓰 이야기』(1776)가 유명하다. 미조구치 겐지 감독의 영화 〈우게쓰 이야기〉(1953)도 걸작이다. 만담 비슷한 형식의 일본 예능인

『반쵸 사라야시키』 판화 & 『우게쓰 이야기』

라쿠고落語에서도 '모란등롱', '카사네의 늪' 등 괴담을 많이 다루었다. 이것은 괴담을 이야기로 들려주는 햐쿠모노가타리百物語 등으로 이어진다.

메이지 시대에는 당시 서양에서 유행하던 스피리추얼리즘의 영향을 받아 일본에서도 강령술과 영매, 초능력 등 '괴담 붐'이 일어났다. 작가와 예술가들이 모여 햐쿠모노가타리를 개최하거나 저마다 활발히 괴담을 집필했다. 일본 민속학의 원점이라 할 야나기타 쿠니오 역시 괴담 애호가로 유명했다.

일본 민속학에서도 괴담은 중요한 위치를 차지했다. 가

부키와 라쿠고, 대중 소설 등 다양하게 전해지던 일본의 괴담은 아일랜드계 미국인 라프카디오 헌에 의해 『괴담』이라는 책으로 정리되어 서양에 출간된다. 라프카디오 헌은 일본 무사의 딸과 결혼하여 시마네현에 정착했고, 고이즈미 야쿠모라는 이름을 얻었다. 「귀 없는 호이치」, 「로쿠로쿠비」 등의 이야기를 담은 『괴담』은 일본의 괴담을 서양에 알린 최초의 책이고, 고바야시 마사키 감독의 영화로 제작된 〈괴담〉(1964)이 칸 영화제에 출품되어 찬사를 받았다.

입에서 입으로 전해지던 괴담이 방송 매체를 통해서 확산되기 시작한 것은 1968년이었다. 니혼TV의 프로듀서이자 작가인 니이쿠라 이와오는 1968년 〈낮의 와이드 쇼〉에서 '괴담 특집, 당신이 모르는 세계'라는 코너를 진행했다. 시청자의 경험담을 들려주고, 재연 드라마로 보여주고, 전문가의 해설을 듣는 등 지금까지 이어지는 '실화 괴담' 프로그램의 전형이라 할 만한 형식을 일찌감치 구현했다.

이후 니이쿠라는 일본 심령 과학 협회 이사가 되어 심령 전문가로 활동하며 50권이 넘는 저서를 출간했다. 니이쿠라가 방송 코너를 통해 발탁한 기보 아이코는 영시 능력 등이 있는 영능력자로 유명해지면서 80~90년대까지 꾸준히 방송에 나오며 인기를 끌었다. 물론 가짜라는 말도 많았다.

1970년대, 서양과 비슷한 시기에 일본에도 오컬트 붐이 일었다. 요괴와 귀신, 강령술, 악마주의, 초능력, UFO와 UMA, 외계인 등 초자연과 신비주의를 나룬 소재는 대중적으로 큰 인기를 끌었다. 방송과 잡지 등에서 괴담을 다룬 프로그램과 기사가 자주 등장했고, 소설과 만화에서도 공포 장르는 마니아를 넘어서 대중적인 호응을 얻었다. 장르도 점차 다양해졌다.

요괴와 귀신, 괴담을 다룬 공포 만화는 1960년대부터 인기였다. 1965년에 연재를 시작한 미즈키 시게루의 《게게게의 키타로》는 일본에 요괴 붐을 일으킨 걸작이다.

《무서운 책》(1967)과 《이아라》(1970), 《표류교실》(1972)의 우메즈 카즈오, 《죠로쿠의 기묘한 병》(1076)과 《지옥변》(1982)의 히노 히데시, 《우시로의 햐쿠타로》(1973)와 《공포신문》(1973)의 츠노다 지로, 《암흑신화》(1976)와 《요괴헌터》(1978), 《시오리와 시미코 시리즈》의 모로호시 다이지로, 《토미에》(1987)와 《소용돌이》(1998)의 이토 준지 등이 일본 호러 만화의 거장으로 꼽힌다.

1970년대 이전까지 '도카이도 요츠야 괴담', '카사네의 늪 괴담', '괴물 고양이와 설녀' 등 전통적인 괴담을 주 소재로 했던 일본 공포 영화도 점차 스펙트럼이 다양해졌다. 나카가와 노부오 감독의 1959년작 〈도카이도 요츠야 괴담〉을 비롯하여 〈백발귀〉(1949) 〈일촌 법사〉(1955), 〈여흡혈귀〉(1959), 〈지옥〉(1960), 〈괴담사녀〉(1968), 〈흡혈귀 고케미도로〉(1968), 〈요괴대전쟁〉(1968), 〈저주의 저택: 피를 빠는 눈〉(1971) 등 다양한 장르의 공포 영화가 만들어졌다.

1960년대 후반부터 영국 해머 호러의 영향을 받은 작품도 나왔지만, 70년대 초반까지 일본의 공포 영화는 주로 괴담에 원류를 둔 작품이었다. 원한을 품고 죽은 귀신이 돌아와 복수하는 이야기나 요괴, 괴물 고양이 등의 습격이 주류였던 것이다.

1970년대에 들어서며 할리우드에서는 〈엑소시스트〉와 〈오멘〉이 대성공을 거두었고, 그 영향을 받아 1977년 오바야시 노부히코 감독의 〈하우스〉(1977)가 만들어진다. 기괴한 집에 들어간 사람들이 하나둘 '악령'에게 희생당하는 이야기다. 서구와 마찬가지로 오컬트 붐이 시작되자 일본에서도 단순히 원령만이 아니라 초상 현상에 관심을 기울인 공포 영화들이 나오기 시작했다.

1980년대가 되면서 〈13일의 금요일〉과 〈나이트메어〉로 스플래터 영화 붐이 일었다. 보이지 않는 공포에서 보여지는 공포로, 악마에서 살인귀로 이어지니 대중에게 충격을 준 할리우드의 스플래터 영화는 태평양을 건너와 이케다 토시하루 감독, 이시이 다카시 각본의 〈사령의 함정〉(1988)이 만들어지는 데 영향을 끼쳤다. 최초의 일본 스플래터 영화로 평가받으며 유니크한 인물과 사건 전개, 잔혹한 장면으로 해외에서도 인기를 끌었다.

독특한 성향을 가진 공포 영화들도 속출한다. 짓소지 아키오의 〈제도물어〉(1988), 구로사와 기요시의 〈스위트홈〉(1889), 츠카모토 신야의 〈철남〉(1989)이 연이어 만들어진다. 일본 특유의 괴담 영화가 할리우드의 스플래터와 오컬트, 사이버 펑크와 초능력, SFX의 발달 등의 영향으로 다양한 스타일로 성장하던 시기였다.

1990년대에는 일본의 전통적인 공포에 서구적인 요소들을 결합하고, 이들이 혼용되어 전성기를 맞이하게 된다. 실화 괴담의 영화화도 본격적으로 이루어졌다. 그 시발점이라 할 작품은 코나카 치아키가 시나리오를 쓴 〈사원령〉(이시이 테루요시, 1988)과 〈정말로 있었던 무서운 이야기〉(츠루다 노리오, 1991)다.

〈사원령〉은 〈여우령〉과 〈링〉의 각본을 쓴 다카하시 히로시의 말 그대로 '귀신이 아무것도 하지 않고 그냥 멍하니 서 있을 때가 제일 무섭다'는 것을 알려주는 작품이다. 〈여우령〉에서 귀신이 가만히 옆에 서 있고, 〈링〉에서 사다코가 우물 속에서 기어 나오기만 해도 꼼짝할 수 없다. 이런 유의 공포의 시작이 이 영화들이었다. 〈정말로 있었던 무서운 이야기〉는 소위 '실화' 붐의 근원이기도 한 영화다. 과거의 괴담이 현대적으로 되살아났음을 보여준 공포 영화.

Case 3.
실화 괴담의 인기

한편 할리우드의 10대 주인공을 내세운 호러 영화 붐과 이어지는 흐름으로 학원 호러물도 다수 만들어진다. 코가 신이치의 만화 《에코에코아자라크》는 TV 드라마로 만

<정말로 있었던 무서운 이야기>(1999)

들어지고, 영화로도 제작되었다. 흑마술을 쓰는 세라복 소녀가 학교를 떠돌아다니며 악마와 원령을 물리치는 이야기다. 초등학생을 주인공으로 한 <학교괴담>은 1995년에 처음 만들어져 대성공을 거두며 시리즈로 만들어졌다.

<화장실의 하나코상>과 이토 준지 원작의 <토미에> 시리즈도 미소녀들이 등장하는 호러물이다. <학교괴담>과 <정말로 있었던 무서운 이야기>는 TV 시리즈로 만들어져 인기를 끌었다.

1999년에는 스즈키 코지 원작 <링>이 개봉했고, 시미즈 다카시가 비디오 영화로 <주온>을 만들었다. <링>은 본격 호러 소설이지만, 저주가 '전염'되는 과정은 괴담이 전달되면서 증폭되는 양상과 흡사하다. <주온>은 영화판도 좋지만, 최고는 오리지널 비디오다.

<여우령>과 <링>의 나카타 히데오가 추구하는 일상의

공포를 넘어, 1980년대 슬래셔 호러의 팬으로서 '보여주는 공포'를 원했던 시미즈 다카시는 억울한 죽음으로 지박령이 된 카야코의 원한과 저주가 집에 들어온 모든 이들을 거치며 뻗어 나가는 모습을 그린다. 90년대 중반 이후 〈링〉과 〈주온〉으로 만개한 실화 괴담의 인기는 당시 J 호러라고 불리던 일본 공포물의 견인차였다.

일본에서 도시 괴담, 실화 괴담은 주로 잡지를 통해서 전해졌다. 범죄와 스캔들 등을 다루는 실화계 주간지와 월간지에서 다루는 주요 소재는 괴담이었다. 만화와 영화에서도 인상적인 작품들이 나오기 시작했다. 도시 괴담이 본격적으로 일본 대중문화를 휩쓸게 된 계기는 괴담집 『신 미미부쿠로現代百物語(新耳袋第一夜)』(1998)의 출간과 SMAP의 멤버 이나가키 고로가 진행한 공포 재연 프로그램 〈정말로 있었던 무서운 이야기本当にあった怖い話〉(1999)다.

기하라 히로카츠와 나카야마 이치로는 대학 시절부터 괴담을 수집하기 시작했다. 취재를 통해 얻은 실제 체험담이나 풍문으로 들은 이야기에서 인명과 지명을 바꿔서 '실화 괴담'이라는 콘셉트로 재구성했다. 에도 시대의 관료 네

기시 시즈모리가 쓴 수필집 『미미부쿠로』에서 제목을 따왔다. 『미미부쿠로』는 당시 사람들에게서 들은 이야기를 30년 정도 집대성하여 쓴 기담집, 잡담집이라고 할 수 있다.

기하라와 나카야마는 『미미부쿠로』의 의도를 잇는다는 의미에서 『신 미미부쿠로』라는 제목으로 괴담을 엮은 책을 냈다. 1990년 『신 미미부쿠로: 당신 이웃의 무서운 이야기』라는 제목으로 출간했지만, 큰 인기를 얻지 못하고 절판되었다. 1998년 출판사가 미디어팩토리로 변경되고, 『현대의 백 가지 이야기: 신 미미부쿠로 첫날밤』으로 제목을 바꿔서 출간하여 대성공을 거두었다. 2005년까지 10권의 시리즈가 나왔다. 일본 고대부터 이어지던 엔터테인먼트로서의 '괴담'을 완전히 부활시켰다는 평가를 받았다.

<신 미미부쿠로> 극장판(2004)

『신 미미부쿠로』는 영상으로도 재탄생했다. TBS 계열의 위성 디지털 방송 BS-i에서 〈괴담 신 미미부쿠로〉라는 제목으로 2003년부터 방송되었다. 5분 정도의 러닝 타임으로, 단편적인 에피소드를 세련되게 파고들어 인기였다.

　젊은 시절에 친구들과 결성한 밴드의 녹음 테이프를 우연히 발견하고 듣던 남자가 걸려온 전화를 받고 보컬이었던 여자 멤버의 죽음을 전해들은 뒤 공포에 사로잡히는 에피소드도 있고, 한밤중에 아파트 문을 두드리는 낯선 방문자가 등장하거나, 초등학교 시절의 친한 친구가 실제로 존재하지 않았다는 것을 알게 되는 이야기도 있다. 〈괴담 신 미미부쿠로〉는 도시에서 벌어질 수 있는 기괴한 사건들을 다양한 형식으로 보여준다. 〈주온〉의 시미즈 다카시, 〈링〉의 츠루다 노리오, 〈발광하는 입술〉의 사사키 히로히사, 〈링〉의 시나리오 작가 다카하시 히로시 등 일본 공포 영화의 거장들이 대거 연출에 참여했다. 2004년부터는 극장판 영화가 줄지어 만들어졌고, 이토 준지가 그린 만화판, 기하라 히로카즈가 직접 출연하여 심령 스폿에 가는 다큐멘터리 형식으로 만든 비디오판 등 다양한 미디어 믹스가 이루어졌다.

Case 4.
정말로 있었던 무서운 이야기

〈정말로 있었던 무서운 이야기〉는 후지TV에서 1999년 처음 시작했다. 당시 아사히 신문 출판부에서 나온 호러 만화 《혼코와》를 바탕으로 제작된 〈정말로 있었던 무서운 이야기〉 오리지널 비디오가 있었고, 이것을 바탕으로 비디오를 기획, 각본, 감독을 맡은 츠루다 노리오가 TV 프로그램을 만들었다. 당시 인기 프로그램인 〈금요 엔터테인먼트〉의 한 코너로 「한여름의 공포미스터리 정말로 있었던 무서운 이야기」가 방영되었다.

2004년 재연 드라마 형식의 〈정말로 있었던 무서운 이야기〉가 정규 프로그램으로 방송되었다. 이나가키 고로가 아이들과 함께 스튜디오에 앉아 진행했다. 시청자가 제보한 사연을 재연 드라마로 보여주고, 에피소드가 끝나면 이나가키와 아이들이 '심령 연구'라는 형식으로 이야기에 나온 심령 현상을 다각도로 짚어봤다. 심령사진을 감정하는 코너도 있었다. 〈정말로 있었던 무서운 이야기〉는 아이들도 함께 볼 수 있는 공포 프로그램으로 인기를 얻었다. 2011년부터는 매년 1, 2회 특별 프로그램으로 방영하고 있다.

라쿠고, 햐쿠모노가타리 등 괴담을 이야기해 주는 형식도 꾸준히 인기를 끌고 있다. '괴담꾼'이라고 불러야 할 이나가와 준지는 토크 쇼 형식으로 괴담을 들려주며 인기를 끌었다. 그는 단순히 앉아서 이야기하는 형식에서 나아가 연극적인 미술과 연출을 가미하여 최고의 괴담 이야기꾼으로 호응을 얻었다. 이나가와 준지가 들려준 괴담을 모은 베스트셀러도 많이 출간되었다. 『신 미미부쿠로』의 저자인 기하라 나카야마도 괴담 토크 라이브를 1996년부터 신주쿠에서 정기적으로 진행하고 있는데, 18년째인 2014년에 총 100회를 넘겼다.

1997년에는 요괴전문지 《괴怪》가 창간되었다. 세계 요괴 협회에서 만든 잡지인데, 이 단체의 회장은 쿄고쿠 나츠히코다. 쿄고쿠 나츠히코는 『우부메의 여름』으로 데뷔한 작가이자, 일본 최고의 요괴 전문가로 알려져 있다. 무크지로 나온 《괴》에 〈항설백물어〉 시리즈를 연재했다.

《괴》에는 일본에 요괴 붐을 일으킨 《게게게의 키타로》의 미즈키 시게루도 참여했다. 괴담 전문지인 《유幽》는

2004년 카도카와에서 창간한 괴담 전문지다. 연 2회 발행하며 괴담문학상도 운영하고, 괴담에 관련된 다양한 내용을 실었다.

《괴》와 《유》는 각자 운영되다가, 2019년 《괴와 유怪と幽》로 통합하여 재창간한다. 처음에는 녹자층이 나르다는 우려도 있었지만, 마이너한 소재를 다루면서도 서로의 흥미를 자극한다는 점에서 판매도 늘었고 성공적인 통합이라고 평가한다.

연 3회 발행하며 요괴와 괴담, 초상 현상 등 다양한 소재를 소설, 만화, 평론, 대담 등의 다양한 장르로 심도 깊게 다루고 있다. 쿄고쿠 나츠히코, 아리스가와 아리스, 오노 후유미, 모로호시 다이지로 등 집필진도 호화롭다.

× CUT ×

사다코와 카야코에게서
도망치는 법

<링>의 사다코를 만나지 않으려면, 저주의 비디오를 보지 않으면 된다. 하지만 이미 보았다면 복사하여 누군가에게 보여주면 된다. 사다코가 원하는 것은, 저주를 무한대로 퍼뜨리는 것이다. 복사한 비디오를 누군가에게 보여주어 저주에서 벗어났다 해도, 아마 그는 영원히 공포에서 벗어나지 못할 것이

다. 지금은 사다코가 찾아오지 않지만, 언젠가 다시 돌아오지 않을까? 저주의 이유가 불분명하기에, 돌아오지 않으리라고 확신하기도 힘들다.

그러니 위험한 짓은 하지 않는 게 제일 좋다. 고쿠리상을 불러낸다거나, 이상한 주문을 외우고 이름을 부르거나 하는 짓은 애초에 하지 않는 것이 좋다.

저주의 비디오인 줄 모르고 그냥 볼 수는 있겠지만, 경고 문구가 있는 책이나 영상은 보지 말아야 한다. 호러 영화에서 제일 먼저 죽는 사람은 금기를 어기는 이들이다.

<주온>의 카야코도 마찬가지다. 카야코가 죽어서 지박령으로 남아 있는 집에 들어가지 않아야 한다. 흉가, 폐가에 꼭 들어가 보고 싶어 하는 이들이 있다. 호러를 좋아해서 흉가 체험을 다니는 사람들이 있다. 취미는 아니어도, 분위기에 휩쓸려 담력 대결을 하러 가는 경우도 있다. 중고생 시절은 겁도 없을 때라 그냥 폐가에서 시간을 때우거나, 몰래 술이며 담배를 하기도 한다. <주온>에도 그런 내용이 나온다. 가지 않는 것이 좋다. 만약에 갔다면, 방법이

없다.

시라이시 코지의 영화 <사유리>(2024)는 지박령이 사는 집에 이사 온 일가족의 이야기다. 아버지, 할아버지, 동생, 누나, 엄마가 차례로 저주를 받아 죽는다. 치매에 걸린 할머니와 중학교 3학년생인 노리에만이 남았다. 노리에는 겁에 질려 어쩔 줄 모르는데, 갑자기 할머니가 각성한다. 가라테 고수인 할머니는 원혼을 두려워하지 않고, 넘치는 생명력으로 악령과 싸울 방법을 찾는다. 오시키리 렌스케의 만화가 원작인데, 전반은 섬뜩한 하우스 호러고 후반은 기묘한 코믹 퇴마물이라고나 할까. 기묘한 수작 호러 영화다.

<사유리>에서 원혼과 대적하는 방법은 양기를 드높이는 것이다. 일반적으로 귀신은 음이고, 인간은 양이다. 인간이 살아가는 세상은 양기로 생명이 태어나고 융성해 가는 곳이다. 그러니 양기가 가득한 곳에서 음의 기운을 가진 귀신은 제대로 힘을 발휘하지 못한다. 그런 말이 있다. 하지만 음기가 워낙 강

하거나, 원한이나 공력이 높은 귀신이라면 웬만한 양기는 무력할 가능성이 크다. 사유리도 원한은 크지만, 개인이 원혼이 된 경우이니 할머니의 방법이 통한 것이다.

  영혼을 부르거나 악령이 깃든 공간을 찾아가는 게 위험한 이유는, 거기에 무엇이 있는지 모르기 때문이다. 단순하게 죽은 이의 영혼이나 약간의 억울함에 사로잡힌 귀신 정도라면 문제 없다. 하지만 원한이 지나치거나 강력한 힘을 가진 악마, 마물 같은 것이 있다면 인간의 힘으로 대적하기는 힘들다. 그러니 자기에게 특별한 힘이 없다면, 미리 피하는 것이 좋다.

괴담과 공포 소설

괴담의 새로운 형식, 모큐멘터리형 소설

S#4.

Story of Mockumentary

실화 괴담은 끝없이 진화하고 있다. 2012년 『귀담백경』과 『잔예』를 발표한 오노 후유미는 판타지 소설 『십이국기』, 공포 소설 『시귀』 등으로 유명한 작가다. 남편은 『십각관의 살인』으로 신본격 추리의 시작을 알린 아야츠지 유키토.

『동경이문』, 『고스트 헌트』 등 다양한 공포의 세계를 그려냈던 오노 후유미는 괴담 잡지인 《유》에서 독자 투고를 바탕으로 한 실화 괴담을 연재하여 『귀담백경』을 발표했고, 「마음에 들다」를 바탕으로 『잔예』를 썼다. 『귀담백경』에 99개의 이야기가 있고, 『잔예』로 끝을 내는 형식이다.

『잔예』는 사실과 허구를 오간다. '나'는 작가 생활 초기에 쓰던 문고판 공포 소설 후기를 통해, 자신이 겪은 무서운 이야기를 보내달라고 독자에게 전한다. 그렇게 받은 이야기 중 하나에서 『잔예』가 시작되고, 오노 후유미의 실생활이 『잔예』에서 그대로 그려진다. 실제와 가상의 스토리가 뒤섞이면서 이유를 알 수 없는 괴담이 작가의 일상으로 침투하는 이야기다.

『잔예』는 공포 소설의 범주에 속하지만 정확하게는 '괴담 소설'이다. 괴담과 공포, 호러의 차이는 '이유를 어디까지 밝히는가'에 있다. 괴담에서는 이유가 중요하지 않다. 외진 길에서 귀신이 나온다든가, 학교의 계단 높이가 밤에는 늘어난다든가 하는 괴담에는 확실한 이유가 존재하지 않는다. 반면에 공포 소설은 현상과 사건에서 시작하여 근원을 찾아간다. 오래전 학교에서 누가, 어떤 이유로 계단에서 죽었다는 등 사실이나 이면에 숨은 원한을 찾아내는 것이다.

『잔예』는 한 아파트에서 들리는 기묘한 소리와 혼령이 나타나는 이유를 찾아가는 내용이다. 하지만 마지막까지도 그 이유가 명확하지 않다. 오노 후유미는 이렇게 말한다.

"제 안에서 호러와 괴담은 달라요. 괴담은 기분 나쁜 일이 벌어나지만 정체가 분명치 않죠. 가슴이 울렁거릴 만한, 불편한 공포가 묘미 아닐까요? 하지만 호러는 그곳이 출발점이죠. 거기서부터 이야기를 부풀려 나가야 해요."

『잔예』는 인과 관계를 밝히지 않고, 공포의 근원을 추적하면서 드러나는 사실들만을 하나둘 알려준다. 그래서 무섭다. 원한이 무엇인지 알고 그 정도가 강렬하기 때문이 아니라, 모르기 때문에 두렵고, 어떤 의도도 없이 전염될 수 있기에 더욱 끔찍하다. 공포의 본질은, 우리가 알기 때문이 아니라 모르기에 더욱 섬뜩하다.

Case 1.
매체를 넘나드는 실화 괴담의 진화

2020년대 일본의 실화 괴담은 더욱 강력해지고 있다. 새로운 선두 주자로 나선 작가는 우케쓰와 세스지. 두 작가 모두 인터넷 세대로서, 21세기의 괴담이 어떻게 만들어지고 전파되는지 잘 아는 작가들이다. 전통적인 괴담과 현대 문명, 그리고 기묘한 아이러니 등을 잘 엮어서 새로운 괴담의 시공간을 만들어 냈다.

소설 『이상한 집』으로 알려진 우케쓰雨穴의 원천은 인터넷이다. 2018년 온라인 매체인 '오모코로'에 글을 응모하며 활동을 시작했다. 「손톱 모으기」, 「환지통」 등의 글을 쓰다가 2020년에 공개한 「이상한 집」이 큰 인기를 끌게 된다. 어떤 집의 설계도를 보고 뭔가 기묘하다는 생각에 수수께끼를 파헤치는 이야기다. 논픽션 보고서 같기도 하고, 개인적인 경험담을 다양한 방식으로 풀어 낸 듯하기도 한 「이상한 집」은 유튜브 영상으로도 만들어 2천 만회 이상 재생되었다. 출판사에서 출

<이상한 집>(2025)

간 제의를 받고, 동영상을 보완하여 소설 형식으로 낸 『이상한 집』은 100만 부가 넘게 팔리는 대성공을 거둔다. 『이상한 집』은 실사 영화와 만화로도 만들어졌다.

Case 2.
괴담 크리에이터의 등장

유튜브 채널을 운영하는 우케쓰를 '괴담 크리에이터'라고 부를 수 있다. 단지 작가라는 말로는 부족하다. 유튜브에 영상을 올리고, 영상의 소재를 책으로 확장하여 출간한다. 『이상한 집』에 이어 『이상한 그림』(2022), 『이상한 집2』(2023)가 있다. TV 도쿄에서 2022년에 방영한 〈뭔가 이상해〉라는 드라마의 원안도 쓰고, 직접 화자로 참여하기도 했다. 라디오 프로그램에서 청취자에게 받은 사연의 내용을 읽다가 '뭔가 이상하다'는 위화감을 느끼고 추적하면, 기괴한 사건을 만나게 되는 스토리다. 우케쓰는 괴담이 세계에서 흐르는 과정을 그대로 콘텐츠로 만들어 내는 새로운 스타일의 크리에이터다.

세스지背筋는 2023년 1월부터 '가쿠요무'라는 소설 투고 사이트에 연재한 「긴키 지방의 어느 장소에 대하여」가 큰 인기를 얻어, 그해 8월에 바로 소설로 출간되었다. 제목 그대로, 긴키 지방의 어느 장소에 관한 괴담을 소설, 인터뷰, 스레드 등의 다양한 형식으로 진행하는 소설이다. 연재 당시에도 SNS에서 큰 화제를 모았다. 2025년 4월 국내에서도 번역되어 출간되었다.

『긴키 지방의 어느 장소에 대하여』를 읽으면, 실제 있는 괴담을 여기저기 탐색하는 기분이 든다. 현장감이 뛰어나고, 어렴풋하게 진실 주변을 맴도는 듯하다. 세스지는 시라이시 코지가 연출한 실사 영화 〈긴키 지방의 어느 장소에 대하여〉의 시나리오 작가로도 함께했으며, 국내에서도 2025년 8월 개봉했다. 그리고 『입에 대한 앙케트』를 포함해 픽션이지만 너무나 실화 같은 형식의 괴담을 계속해서 발표하고 있다.

영화에서 '모큐멘터리Mockumentary' 장르는 가상의 스토리를 실제 다큐멘터리처럼 보이게 만든 허구의 영화를 말한다. 주로 풍자의 방식으로 많이 쓰였는데, 〈블레

<블레어 위치>(1999)

어 위치The Blair Witch Project〉(1999)의 개봉 이후 호러 영화에서도 중요한 하위 장르가 되었다. 〈블레어 위치〉는 메릴랜드주의 블랙힐 숲에 산다는 마녀 '블레어 위치' 전설을 찾아가는 대학생 세 명의 이야기다. 그들이 직접 찍은 영상처럼 촬영하고 편집했다. 영화 자체도 흥미롭지만, 〈블레어 위치〉를 배급할 때 중요했던 마케팅 전략은 대중에게 '블레어 위치'를 실제 존재하는 전설로 인식시키는 것이었다. 홍보용 홈페이지를 만드는 것만이 아니라 당시에 활발해지고 있던 인터넷의 각종 커뮤니티 등에 '블레어 위치'에 관한 이야기를 올렸다. 마녀를 찾으러 간 대학생들이 사라졌다고, 실제 사건인 것처럼 위장한 것이다. 또한 블랙힐 숲에 갔던 체험담도 올리고, 마녀 전설에 동의하는 댓글도 다는 등 이슈를 만들어

냈다.

그러자 인터넷 커뮤니티에서는 자연스레 '블레어 위치'에 대한 글들이 늘어났고, 진위 여부에 대한 논쟁도 있었다. 영화는 개봉하자마자 대성공을 거두고, 총 2억 4천만 달러가 넘는 흥행 수익을 올렸다.

우케쓰와 세스지는 과거의 호러 소설 작가들과는 다르게, 마치 영화의 '모큐멘터리' 기법처럼 자유롭게 다양한 형식의 글을 이용하여 공포를 만들어 낸다. 픽션과 논픽션, 인터뷰, 인터넷 게시판, 스레드 등 다양한 형식을 자유자재로 활용하며 현실감을 끌어낸다. 누군가의 경험담이라는 애매한 단서 없이도 리얼리티를 최고조로 상승시키는 것이다. 우케쓰와 세스지로 대표되는 새로운 세대의 호러 크리에이터는 기존의 매체와 형식에 구애받지 않고 자유롭게 우리가 사는 세계의 '뭔가 이상한 것'을 세상에 드러내고 있다.

× CUT ×

흩어진 조각을 모아
퍼즐을 완성한다

우케쓰가 원안을 맡은 <뭔가 이상해何かおかしい>는 2022년 TV 도쿄에서 방영된 호러 드라마다. 2023년에는 시즌2를 방영했다. 생방송으로 진행되는 라디오 프로그램을 배경으로, 청취자의 사연을 듣다가 발생하는 일상의 공포를 보여주는 형식이다. 제목대로 프로그램 진행자가 사연을 읽다가 '뭔가 이상

해'라는 느낌을 받으면서 공포가 시작된다. 작은 일상의 사건인데, 분명 소소한 과거의 경험담인데, 듣다 보면 뭔가 이상하다. 흔히 '쎄하다'라고 말하는 위화감이 느껴지는 이유가 무엇일까? 스태프에게 사건 현장에 가보라고 지시하거나, 인터넷으로 과거의 사건을 검색하여 진실을 찾아본다. 사연의 이면을 파고들면 숨겨진 비밀이 드러나고, 끔찍한 진실이 밝혀진다.

현대에 괴담이 만들어지는 과정도 비슷하다. 어떤 사진이나 영상에서 누군가 이상한 것을 찾아낸다. 평범하거나 익숙한 모습인데, 뭔가 의심스러운 부분을 발견한다. 인터넷으로 '뭔가 이상한 것'을 올리면 사람들이 알고 있는 정보와 지식을 추가하고, 누군가의 목격담이 더해진다. 그러면서 전체적인 이야기의 얼개가 만들어진다. 음모론이 만들어지고, 정리되는 과정과 비슷하다.

허무맹랑한 음모론이 만들어지는 이유의 대부분은 정보가 부족하거나 왜곡되었기 때문이다. 누군가 어떤 이유로 정보를 숨기면, 음모론이 시작된다. 숨겨진 정보 때문에 전체적인 사건의 개요를 파악하기 힘들기 때문이다. 요즘은 자신이 알고 있는 정보만으로 사건을, 더 나아가 세상을 판단하고 규정짓는 사람들이 많아서 음모론이 더욱 횡행한다.

2007년 4월, 버지니아 공대에서 한국계 미국인 조승희가 총기 난사를 하여 학생과 교수 등 32명이 사망하는 비극적인 사건이 일어났다. 부상자도 많았다. 사건이 종결된 후, 조승희의 단독 범행이라는 발표가 있었음에도 다양한 음모론이 등장했다. 혼자서 그렇게 많은 사람을 죽이는 것은 불가능하다, 공범이 있다, 버지니아 공대에서는 테러 연구를 하고 있었고 숨겨진 이유가 있다 등등.

음모론자들이 내세운 증거는 대충 이렇다.

'2시간 넘게 한 건물에서 총을 난사했는데, 혼자서 수많은 사람을 통제하는 것은 불가능하다.', '처음 총소리가 났을 때 대부분 도망갈 수 있었는데, 너무 많은 사람이 죽었다.', '범행 전에 영상으로 선언문을 찍었는데 카메라가 미세하게 흔들렸으니 누군가 촬

영을 대신 한 것이다.'

명확한 증거는 없지만, 각자의 경험이나 생각에 따라 논리적으로 추정한 것이다. 하지만 시간이 흐르고, 현장 목격자의 증언이 많이 나오면서 단독 범행은 확실해졌다. 조승희는 건물에 들어가 출입문을 사슬로 잠그고, 강의실마다 들어가 총격을 가했다. 사람들은 바로 도망가지 않았다. 멀리서 총소리가 들려도, 타이어가 터지는 소리거나 다른 소리라고 생각해서였다.

다시 총소리가 몇 번 반복해서 들릴 때 상황을 확인하려고 했다. 총을 든 조승희를 보았지만, 그럼에도 강의실 문을 잠그는 정도의 행동밖에 취할 수 없었다. 건물 2층에서 뛰어내려 도망치려는 사람은 의외로 많지 않았다. 조승희가 강의실 문을 총으로 부술 때에야 사람들은 적극적으로 도망쳤다. 모든 상황을 무시하고, 겁에 질려 바닥에 주저앉은 사람들도 많았다. 직접 사건 현장에 있던 사람들의 증언이다.

버지니아 공대 사건의 전체적인 스토리는 현장에

서 살아남은 사람들의 증언을 통해서 완성될 수 있었다. 하지만 소수의 목격이나 초자연적인 상황이 개입된 괴담은 철저하게 증거에 입각하여 스토리를 완성하는 것이 불가능하다. 일부 목격담과 약간의 물증 그리고 목격자들의 주장으로 구성된다. 구멍이 많고, 그렇기에 상상력으로 채워지는 부분이 더욱 많다. 괴담이 끊임없이 증폭되는 이유는, 빈 구멍이 많기 때문이다. 그렇기에 더 무섭다. 완전히 해명될 수 없으니까.

한국의 도시 괴담

현실의 공포에서 확장되는 괴담

S#5.

Story of 장산범

아들을 잃어버린 희연과 민호 부부는 치매에 걸린 시어머니, 딸 준희와 함께 시어머니의 고향인 장산으로 내려온다. 아들이 사라질 때 함께 있었던 시어머니의 기억이 익숙한 곳에서라면 돌아올 수도 있다고 생각했다. 희연은 여전히 아들을 잃은 죄책감과 그리움에서 벗어나지 못하고 있다.

어느 날, 희연은 숲속을 헤매고 있는 소녀를 만난다. 아무 말도 하지 않고, 몸에는 상처가 가득한데다, 무언가 두려워하는 듯한 소녀였다. 희연이 집으로 데리고 온 소녀를 보고, 민호는 불안감에 사로잡힌다. 시어머니는 소녀를 보고 소스라치듯 놀라며 "네가 왜 여기에 있어?"라고 묻는 등 이상한 반응을 보인다. 얼마 후, 소녀가 처음으로 입을 여는데 준희의 목소리, 말투와 똑같다. 소녀는 대체 누구일까?

장산에서는 실종 사건이 이어진다. 경찰 수사에도 별다른 단서를 찾지 못했다. 마을 사람들은 '장산범'의 소행이라고 수근거린다. 오래전부터 마을에 내려오는 전설이다. 사람의 목소리를 흉내 내서 홀리고 유인하여 죽인다는 요괴 같은 존재. 전설을 알게 된 희연은 생각한다. 어쩌면 자신의 아들도 장산범에게 홀린 것일까?

장산범은 괴이한 존재인 것을 넘어, 장산의 무당이 섬기는 일종의 신이다. 무당이 장산범에게 치성을 드리며 모시면, 장산범이 무당의 몸으로 들어온다. 희연은 소녀가 장산 무당의 딸임을 알게 된다. 아버지에게 학대를 받다가 도망친 것이다. 그런데 준희의 목소리를 똑같이 낸다는 것은, 어쩌면 소녀도 이미 빙의된 것은 아닐까?

시어머니가 장선범이 내는 목소리에 홀려 동굴로 사라

져 버리자 희연도 소녀와 함께 찾으러 나선다. 소녀를 앞세워, 희연은 동굴로 들어간다. 소녀는 희연에게 동굴 안에서는 한마디도 하면 안 된다고 경고한다. 그러나 불가능한 일이었다. 소리를 낸 희연에게 들려오는 수많은 목소리. 처음에는 남편이었다가 이내 딸의 목소리가 들리고, 시어머니로 변한다. 희연이 듣고 싶은 말을 장산범은 친근한 목소리로 전해준다. 겨우 동굴을 빠져나오려는 순간, 아들 준서가 희연을 부르는 소리가 들린다. 희연은 알고 있다. 장산범은, 자신이 듣고 싶은 목소리로 말해준다는 사실을. 아들이 아니라 장산범이 희연을 홀리는 것이다. 그럼에도 희연은 다시 동굴로 들어간다. 믿지 않으면서도, 딸과 남편 그리고 모든 것을 포기한다. 그것만이 아들을 잃어버린 죄책감을 덜 수 있는 유일한 방법이었다.

Case 1.
내가 엄마로 보이니?

2017년 개봉한 영화 〈장산범〉에는 '장산범'이라는 괴물이 등장한다. 무당에 빙의한 모습으로만 나오기 때문에 정확한 모습은 알 수 없다. 기괴한 모습이 된 무당에게 하얀 털이 있어서, 흰색 털이 전신을 덮지 않았을까 추정한다. 장산범은 목소리를 자유자재로 변형하여 사용할 수 있다. 가족이나 연인의 목소리를 똑같이 흉내 내기 때문에, 사람들이 홀린다. 거울을 통해 이동할 수도 있다. 이 정도가 영화 〈장산범〉에 나온 괴물 장산범의 특징이다.

도시 괴담에 종종 등장하는 '괴물'은 UMA(Unidentified Mysterious Animal)나 크립티드Cryptid라고 부른다. 크립티드는 전설, 민담, 목격담 등으로 전해져서 많이들 알고 있지만 과학적 증거가 부족하여 존재를 입증할 수 없는 동물이다. 텐구, 갓파, 트롤 등 고대부터 전해지는 요괴, 요정, 괴수도 있지만 근대 이후로 목격된 예티, 사스콰치, 추파카브라, 인면견 등의 크립티드도 있다.

한국의 장산범은 근래에 목격된 크립티드다. 2009년 '잠밤기(잠들 수 없는 밤의 기묘한 이야기)'라는 사이트에 '미확인 생명체'라는 글이 올라온다. 부산 해운대 근처 장산에서 만난 하얀 털로 덮인 생명체 이야기, 어린 시절 학교에서 장산을 바라봤는데 하얀 괴물 같은 것이 빠르게 산을 타고 있었다는 목격담, 두 개였다. 이 글이 올라오고 자신도 비슷한 괴물을 보았다는 댓글과 또 다른 목격담이 40여 개 등장했다.

2000년대 초반, 인터넷에 화제가 된 장산의 괴물에게 '장산범'이라는 이름이 붙었다. 당시 직접 장산범을 찾으러 장산에 간 사람들도 있었고, 각종 문헌이나 구술을 찾아본 이들도 있었다. 하지만 장산 주변에 살았던 사람이나 근처의 절에 있는 승려들 모두 장산범에 대한 기록이나 이야기는 전혀 없었다고 말했고, 실제로도 아무 기록이 없었다.

장산범에 대한 이야기가 널리 퍼지면서 흰 털이 수북하게 덮여 있고, 범 같은 거대한 몸집과 발톱을 가졌으며, 인간의 목소리를 흉내 낸다는 등 설정이 덧붙었다. 하지만 목격담에 따른 하얀 털과 엄청나게 빠른 걸음, 사람을 홀릴 듯한 위압감 말고는 정확한 근거가 없다. 사람의 목소리를 흉내 내거나 사람을 홀리는 능력은 한국이나 일본, 서양의 요괴와 요정에게도 많이 보이는 능력이다. 영화 〈온다〉의 원작인 소설 『보기왕이 온다』의 요괴도 목소리를 흉내 내는 능력을 가지고 있다.

장산범은 한국에서 도시 괴담이 만들어지고, 확장되는 과정을 잘 보여준다. 곧바로 대중적인 화제를 모으거나 공포를 확산하지는 않지만 인터넷에서 발화된 이야기가 점점 확장되면서 만화나 영화 등의 캐릭터로 더욱 구체화된다. 영화 〈장산범〉은 이야기가 뒤죽박죽이고 '장산범'이라는 현대의 요괴 캐릭터를 제대로 그려내지는 못했지만, 한국 도시 괴담이 탁월한 생명력을 가지고 있음을 보여준다는 점에서 의의가 있다. 이제는 한국에서도 도시 괴담이 꾸준하게 만들어지고, 확장되고 있다.

Case 2.
한국 괴담의 역사

과거 전설과 민담 등에 나오던 괴담은 주로 권선징악과 봉건적인 가족 또는 국가 질서를 옹호하는 내용이었다. 〈장화홍련전〉의 자매도 오로지 원님에게 억울함을 호소하여 원한을 풀려 한다. 밀양에 전해지는 '아랑 전설'의 아랑도 비슷한 방식으로 억울함을 푼다. 하지만 장화홍련과 아랑의 이야기가 전해져 온 이유는 당시의 유교적 가치관에 부합했기 때문이라고 할 수 있다. 당대 가치관에 어긋나는 이야기는 소실되었거나 일부만 남아 전해진다. 전통적 요괴인 두억시니는 자신의 목적을 위해 거리낌없이 악행을 저지른다.

제주도와 전라도 지역에 전해지는 '여우 누이'도 일반적인 설화와는 다르게 갑자기 찾아든 재액災厄이 모든 것을 파괴하는 이야기다. 아들만 넷인 집에서 딸을 원해, 온갖 치성을 드린 끝에 막내딸을 얻는다. 그런데 딸이 커가면서 키우던 가축들이 하나씩 죽는 일이 벌어진다. 아들들은 막내가 여우로 변해 가축을 죽이는 모습을 봤다고 하지만, 부모는 믿지 않는다. 어느덧 네 아들은 모두 집을 떠나 살아간다. 아들 하나가 집으로 돌아오지만 부모는 죽고 폐허가 되어 있다. 그 아들이 아내에게 받은 호리병 3개의 호신부로 겨우 여우 누이에게서 도망쳐 나온다는 이야기.

전래 괴담에서 가장 많이 나오는 이야기는 처녀 귀신과 몽달귀신이다. 결혼하지 못하고 죽은 여성이 소복 차림으로 나타난다. 긴 머리를 풀고 슬피 울거나, 남자에게 들러붙어 원한을 쏟아낸다. 처녀 귀신과 반대인 몽달귀신은 결혼하지 못하고 죽은 남성이다. 많지는 않지만, 이유는 처녀 귀신과 동일하다. 결혼을 못 하면 인생에서 가장 중요한 하나를 실패한 것으로도 보던 봉건적인 사고방식을 반영한 것이다. 그래서 처녀, 총각으로 죽으면 영혼 결혼식을 통해 한을 풀어주는 경우가 많았다.

설화, 민담과 다른 도시 괴담이 한국에서 정착되고 확장된 것은 1990년대라고 볼 수 있다. 이전에도 떠도는 괴담은 많았겠지만, 딱히 괴담을 전해주는 매체가 많지 않았다. 일본은 실화계 잡지를 통해 괴담이 소개되었지만, 한국의 잡지는 괴담을 다루는 경우가 많지 않았다. 아동 취향의 소년 잡지 등에서 일본 괴담을 번안한다거나 서양의 괴담을 전해주는 정도였다. PC 통신, 인터넷이 보급되고 개인 간의 커뮤니케이션이 활발해짐에 따라 다양한 취향의 커뮤니티들이 생겨나면서 도시 괴담도 생명력을 얻게 되었다.

1990년대 중반 이후 이우혁의 호러 판타지 『퇴마록』(1993)과 유일한의 공포 소설 『어느 날 갑자기』(1996) 등이 인기를 끌었고, 책으로 출간되어 베스트셀러에 올랐다. PC 통신을 중심으로 〈깊은 밤 갑자기〉, 〈여곡성〉, 〈목 없는 여살인마〉 등 비디오로 볼 수 있었던 1980년대 한국 공포 영화의 재발견도 이루어졌다.

그리고 한국적 공포의 원형을 새로운 스타일로 다듬은 〈여고괴담〉(1998)이 개봉된다. 1996년 웨스 크레이븐의

〈스크림〉이 대성공을 거두면서, 다시 할리우드의 인기 장르가 된 하이틴 호러 장르였다. 〈여고괴담〉은 당시 서양과 일본의 호러 트렌드를 충실하게 소화하며 한국의 도시 괴담을 탁월한 공포로 재현했다.

〈여고괴담〉(1998)

Case 3.
<여고괴담>에서 <파묘>까지

〈여고괴담〉은 한국인이라면 누구나 애증을 가지고 있을 '학교'라는 공간을 하이틴 호러의 주요 무대로 끌어들인다. 한국의 학교는 입시 제도라는 압박, 친구들 간의 육체적 또는 정신적 폭력, 교사의 폭행 등등 갖가지 '폭력'으로 얼룩져 있다. 1990년대까지는 물리적인 폭력이 난무하는 공간이기도 했다. 〈여고괴담〉은 학교라는 폭력적 공간에 존재하는 아이들의 갈등과 분노를 예리하게 포착했다. '여고'라는 공간은 영화 장르에서 갖는 페티시적 분위기가 있다. 교복을 입은 여고생이 한밤의 교사에서 비명을 지르며 뛰어다니는 광경은 그 자체로 볼거리였다. 〈여고괴담〉은 일본의 J호러를 이끈 〈링〉(1998)과 〈주온〉(2000)에 뒤처지지 않았다. 시기도, 작품성도.

한국의 호러 영화는 순탄하게 발전하지 않았다. 답보 상태에서 가끔 걸작, 수작이 나와주는 정도로만 명맥을 유지하다가 〈검은 사제들〉(2015), 〈사바하〉(2019), 〈파묘〉(2024)의 장재현 감독이 대성공을 거두며 미래를 기대하는 중이다.

간간이 나온 한국 호러 영화의 수작을 꼽아보자면, 성적 소수자를 통해 우리 사회의 소통 단절을 이야기하는 김태용과 민규동의 〈여고괴담 두 번째 이야기〉(1999), 오로지 성공만을 외치며 약자들을 짓밟는 한국 근대화 과정의 폭력성을 파고든 윤종찬의 〈소름〉(2001), 공포 영화 장르의 기본적인 쾌락을 잘 살린 안병기의 〈가위〉(2000)와 〈폰〉(2002), 전통적인 이야기를 변주하며 내면의 폭력을 응시하고 처절한 아름다움으로 묘사한 김지운의 〈장화, 홍련〉

<파묘>(2024)

(2003), 거울이라는 기제를 통해 인간과 문명의 정체성을 탐구한 김성호의 <거울 속으로>(2003), 가족이라는 사적 공간에 내재하는 사회적 폭력을 심리적으로 잘 그려낸 이수연의 <4인용 식탁>(2003), 한국인이 저지른 역사적 폭력의 공포를 그린 공수창의 <알 포인트>(2004), 호러와 코미

디를 절묘하게 엮은 신정원의 〈시실리 2km〉(2004).

한국형 페이크 다큐를 시도한 윤준형의 〈목두기 비디오〉(2005), 슬래셔 호러 장르를 묵직하게 파고든 임대웅의 〈스승의 은혜〉(2006), 괴담의 기묘한 세계를 탄탄하게 보여준 정식과 정범식의 〈기담〉(2007), 섬뜩한 공포를 한계까지 밀어붙이는, 저예산 호러 영화인 김진원의 〈도살자〉(2007), 절대적 믿음의 폭력을 비판하는 이용주의 〈불신지옥〉(2009), 극단적 폭력의 허무를 추구한 김지운의 〈악마를 보았다〉(2010), 아이돌 산업의 어둠을 기괴하게 포착한 김곡과 김선의 〈화이트:저주의 멜로디〉(2011), '피리부는 사나이' 설화를 섬뜩하게 변주한 김광태의 〈손님〉(2015), 정범식이 참여하여 3편까지 나온 옴니버스 공포 〈무서

〈곡성〉(2016)

운 이야기〉(2012), 그리고 인간의 초라한 믿음을 부정하고 질타하는 나홍진의 〈곡성〉 등이 있다. 〈장산범〉은 좋은 소재를 가지고도 흥행에 실패했지만, 인터넷 공간에서는 한국의 도시 괴담이 꽤나 번창하고 있다. 공중파의 〈심야 괴담회〉도 순항 중이고, 괴담과 범죄 등 무서운 이야기를 다루는 유튜브 채널들이 많고 꽤 잘 나간다. 〈곤지암〉(2018), 〈늘봄가든〉(2024) 등 실화 괴담에 바탕을 둔 영화들도 퀄리티는 아쉽지만 그래도 간혹 만들어진다. 다시 생각해 본다. 한국의 도시 괴담은 무엇이 다를까? 어떤 이야기들이 있을까?

Case 4.
그곳에 가면 괴담이 있다

인터넷이 보급되기 전부터도 도시 괴담은 종종 있었다. 유명한 것으로 '1호 터널 괴담'이 있다. 자정 무렵 남산 1호 터널 앞에서 택시나 지나가는 차를 얻어 타려고 기다리는 여자가 있다. 여자를 태워서 터널을 달리다가 어느 순간 백

미러를 보면 여자가 보이지 않는다. 남산 1호 터널만이 아니라 자하문 터널이나 남산 3호 터널 등 오래된 터널마다 비슷한 괴담이 전해진다. 터널에서 사고가 많이 생기기 때문에 생겼다는 설이 있다. 비슷한 이야기로 자유로 괴담이 있다. 서울에서 고양시로 가는 자유로를 달리다 보면, 찻길 옆으로 흰 옷을 입은 여자가 흔들거리며 휘청이는 모습으로 서 있다고 한다. 이것 역시 자유로에서 사고가 많이 일어났기 때문이라 할 수 있다.

20세기에 가장 많았던 괴담은 학교와 병원, 집에 관한 이야기다. 학교마다 괴담 하나씩은 있다. 자정이나 새벽, 일정한 시각이 되면 동상이 움직인다, 초상화에서 피가 흐른다, 음악실에서 피아노 소리가 들린다 등등. 학교 화장실에 있으면 아래에서 '빨간 휴지와 노란 휴지 중에 무엇을 줄까' 하는 소리가 들린다는 괴담도 있었다. 지역마다 설정은 조금씩 다르다. 화장실 괴담은, 과거 화장실은 수세식이 아니라 아래에 분변이 그대로 모이고 양이 많아지면 퍼내는 재래식이었다. 그러니 가끔 아이들이 빠지는 사고가 일어나기도 했다. 사고가 벌어지는 장소에 괴담이 뒤따르는 것이다.

1990년대 정도가 되며 학교 괴담은 심각한 입시 경쟁 세태를 반영한 이야기들로 바뀐다. '분당 여고생 괴담'은 한 여고생이 시험 스트레스로 자살한 후, 야간 자율 학습을 하는 학생 앞에 귀신이 되어 나타난다. 등장 방법도 다양하다. '콩콩' 하는 소리가 매일 밤마다 들렸는데, 한 학생이 무서워서 책상 아래에 숨었더니 투신자살한 여고생이 거꾸로 떨어진 모습 그대로 머리를 바닥에 부딪치며 움직이는 소리였다거나 화장실에 간 학생이 손을 씻으려고 거울을 봤더니 죽은 여학생의 모습이 보였다, 야간 자율 학습 시간에 갑자기 책상 밑에서 손이 나와 발목을 잡았다 등의 이야기도 있다.

병원과 흉가에 얽힌 괴담도 당시의 사회상을 반영한다. 병원은 사람이 아프고 죽기도 하는 곳이기 때문에 자연스레 괴담도 만들어졌다. 흉가는 경제 발전과 도시 개발에 따른 결과다. 1980년대까지, 동네 곳곳마다 흉가라기보다 폐가가 종종 있었다. 꽤 좋은 집인데 오래 비어 있어 폐허가 된 곳들은, 대개 가족이 야반도주한 경우였다. 사업을 하다가 하루아침에 망해서 단칸방에 온 식구가 살다가 사업 성공으로 커다란 양옥집으로 이사하는 것을 반복하는 친구들이 주변에 많았다. 불안정하지만 빠르게 경제가 발전하면서 갑자기 돈을 버는 사람도, 갑자기 망하는 사람도 많았다. 집주인이 빚을 지고 도망가 집의 소유권이 애매해지면 폐가가 된다. 그렇게 시간이 오래 흐르면 집에 관한 이상한 소문이 돌기 시작한다. 폐렴과 결핵 등등 갑자기 병에 걸려 죽는 경우도 많던 시절이었기에 집에 얽힌 괴담이 나오기도 좋았다.

인터넷이 일반화되면서 괴담도 다른 방식으로 전개되기 시작했다. 1990년대에는 '능동골 흉가'와 '뚝섬 흉가'가 유명했다. 인터넷 시대 이전까지 흉가는 주로 근처 동네에 있는 곳이었다. 인터넷 커뮤니티가 활성화되면서 먼 곳에 있는 사람들도 서로 자기가 아는 흉가의 위치와 전해지는 이야기를 주고받았다. 그러면 겁이 없는 누군가 가보는 사람이 나왔다. 흉가에 대한 이야기를 주고받는 것을 넘어 스스로 경험을 통해서 확장하는 단계가 된 것이다. 직접 다녀온 사람이 현장에서 찍은 사진을 올리고, 당시의 분위기나 느낌 같은 것을 커뮤니티에 올린다. 커뮤니티에서 이야기하던 사람들끼리 모여서 함께 흉가 체험을 하기도 했다.

'능동골 흉가'는 광진구의 능동에 있는 집에서 누군가 자살 또는 살해당한 사건이 일어난 후 흉가가 되었다는 이야기로 시작되었다. 2000년대 초반 커뮤니티에 체험기와 사진이 올라오면서 화제가 되었다. '뚝섬 흉가'는 뚝섬 근처 폐가에 한복을 입은 여자 귀신이 나온다는 소문에서 비롯된다. 흐릿한 사진과 체험담이 있었으나 확실한 증거는 찾을 수 없었고, 떠도는 이야기뿐이다.

영화로도 만들어진 '곤지암 정신 병원 괴담'에는 여러 이야기가 있다. 오래전 곤지암 정신 병원에서 환자를 학대하는 일이 있었고, 환자가 죽은 사건도 있었다는 것이다. 이후 폐허가 된 병원에 찾아가는 사람들이 생기면서, 그들이 찍은 사진과 녹음한 소리 등으로 뭔가 있다는 이야기가 돌기 시작했다. 영화로도 만들어질 정도였으니 꽤 화제가 된 흉가였다. 하지만 구체적인 의료 사고나 폭행 사건 등이 일어났다는 이야기가 공식적으로 밝혀지지는 않았다. 폐허였던 곤지암 정신 병원은 2018년 철거되었다.

곤지암 정신 병원과 2025년 영화로 만들어진 수원의 늘봄가든 그리고 영덕 횟집을 2000년대 대한민국 3대 흉가라고 불렀다. 하지만 3대 흉가는 늘 변하고, 새로운 곳이 추가된다. 근래에는 전주의 폐수도원, 팔당댐 흉가, 대구 폐안경 공장 등이 유명하다.

Case 5.
한국 도시 괴담은 무섭다

한국의 도시 괴담은 크게 두 가지 유형이다.

하나는 〈심야 괴담회〉에 주로 나오는 귀신, 악령, 흉가, 저주 등에 관한 괴담이다. 〈심야 괴담회〉를 보고 있으면, 한국에서도 이렇게 많은 사람이 귀신을 봤거나 심령 현상을 경험했다는 것에 놀라게 된다.

대통령이나 재벌 등 높은 자리에 있는 사람들이 점쟁이와 무당, 때로는 사이비 종교에 휘둘리며 판단하고 결정한다는 것은 이제 누구나 아는 일이 되었다. 한 재벌은 신입 사원을 뽑을 때 면접장에 관상가가 동석한다는 말도 돌았다. 한국에는 기독교를 믿는 사람이 많은데, 그들마저도 점과 운세에 휘둘리는 모습은 기이할 정도다. 과학적인 판단과 정보보다는 운이나 초자연적인 힘을 빌려서 권력, 돈을 얻고 싶은 욕망이 너무 많다. 한국 사회 전체에서 볼 수 있는 기회와 과정의 불공정성, 비합리성 때문에 나오는 문제이기도 하다.

또 하나는 범죄와 관련된 괴담이다. 당시 사회에서 자주 혹은 은밀하게 벌어진 범죄를 은유하는 괴담들이다.

1990년대에는 봉고차 괴담이 있었다. 여성이 길을 걸어가면, 유리창을 모두 검게 코팅한 봉고차가 옆을 지나가다가 갑자기 멈춰 여성을 끌어들이고 사라진다는 내용이다. 당시는 인신매매가 꽤 벌어지던 때였다.

1991년 대구에서 벌어진 개구리 소년 실종 사건은 결국 범인이 잡히지 않아 미제 사건으로 종결되며 수많은 괴담을 만들어 냈다. 가족 등 주변 사람이 범인이라는 말은 언제나 있는 유형이지만 주변에 있던 군대에 있는 누군가의 범죄다, 인근에서 비슷한 범죄가 있었지만 은폐했다 등등 여러 추측이 돌았다. 아이들의 시체도 발견되지 않자 괴담은 더욱 늘어났다. 괴담과 음모론은 정확하게 진상이 파악되지 않는 것, 혹은 사건은 해결되었으나 정보의 누락이 있어 사람들이 의문을 품을 때 더욱 많아지고 확산된다.

2012년 벌어진 오원춘 사건은 범인과 범행의 과정이 비교적 자세하게 밝혀졌지만, 많은 괴담을 낳았다. 2012년 4월 1일, 오원춘은 퇴근하던 28세의 여성을 납치하여 살해한 후 토막을 냈다. 4월 2일, '부부 싸움을 하는 소리를 들었다'는 이웃집 제보로 오원춘을 체포했다. 오원춘은 무기 징

역을 선고받고 복역 중이다.

모든 범행이 드러났지만, 이 사건에는 궁금한 점이 많다. 하나는 왜 피해자를 무려 280여 조각으로 토막낸 것일까? 칼을 다루는 솜씨도 너무나 능숙했다. 중국 국적의 오원춘은 어떤 사람일까? 평범한 노동자일까? 그래서 사람들은 의심했다. 어쩌면 오원춘은 장기 밀매 관련자가 아닐까? 혹은 인육을 먹거나 판매하기 위해서는 아니었을까?

그 시절은 장기 밀매에 관한 괴담들도 많던 때였다. 여자를 유혹하여 호텔로 갔다가 음료를 마시고 깨어나니 신장이 사라졌다, 중국 여행을 갔다가 술집에서 술을 마시다가 깨어나니 배에 수술 자국이 있었다 등등. 장기 밀매를 다룬 〈공모자들〉(2012)이라는 영화도 나올 정도였다. 지금도 비슷한 이야기가 있다. 영화 〈뉴 노멀〉(2023)에는 휠체어에 탄 할머니를 도와주는 중학생의 이야기가 나온다. 할머니와 함께 낡은 시장 안으로 들어서는데, 뭔가 분위기가 이상하다. 비슷한 괴담은 늘 인터넷에 있었다. 길에서 무거운 짐을 지고 가는 할머니를 도와주고, 골목길 안쪽 집까지 모셔다드렸다. 고맙다고, 잠깐 들어오라는 말에 들어간 그는······. 약자를 이용해 사람을 유인하고, 납치하거나 살해하는 괴담은 현실의 범죄를 떠올리게 한다. 휠체어 할머니, 짐을 든 할머니 괴담은 장기 밀매 괴담의 연장선으로 보인다.

초자연적 괴담과 범죄 괴담 모두 흥미로운 이야기다. 범죄가 현실을 반영한 것이기에 더 이목을 끄는 경우도 많지만, 그것 역시 취향에 따라 갈린다. 괴남으로 확장되기는 해도, 현실의 범죄는 역시 음모론을 구성하고 파헤치는 방식으로 들여다보는 편이 더 재미있다. 현실에 도움이 되기도 하고. 반면 초자연적인 괴담은, 현실을 반영하면서도 과학이나 합리성만으로는 해결할 수 없는 지점이 있기 때문에 더 끌린다. 알 수 없는 무언가에 끌리는 이유는, 공포도 있지만 호기심이 크다. 〈심야 괴담회〉를 보고 또 보는 것은 알 수 없는 무엇인가에 매료되기 때문이다. 정체를 알 수 없는 무언가. 귀신이나 유령이라고 할 수도 있고, 때로는 저승사자거나 요괴이기도 하다. 단지 불안정한 마음이나 속임수 같기도 하고. 세상은 언제나 알 수 없는 곳이고, 아는 것이 많아지면서 동시에 모르는 것이 늘기도 한다. 인간은 미지의 영역에 끌리고, 그것에 도전하면서 지금까지 진보해 왔다. 결국 괴담은, 인간을 발전시키는 호기심이 만들어 내는 미지의 세계이기도 하지 않을까.

괴담의 주인공이 되지 않기

다양한 사람들과 이야기하다 보면, 귀신이나 이상한 존재를 봤다는 이들이 의외로 많다. 초자연적인 현상을 믿는다면, 우리 주변에는 언제나 다른 존재가 있다고 생각할 것이다. 단지 우리가 보지 못하고, 인식하지 못하는 것뿐. 그런 면에서 본다면 위험은 언제나 널려 있다.

<심야 괴담회>에 나오는 무서운 이야기들의 절반 정도는 주작이라고 생각하자. 잘 만들어진 괴담이라면 그것 또한 즐길 수 있다. 어차피 사실 확인이 불가능한 초자연적인 현상이니까, 그럴듯하게 잘 꾸며진 이야기라도 충분히 의미가 있다.

하지만 진짜도 있다. 제보한 이가 인터뷰를 하고, 제작진과 함께 흉가나 사건의 현장에 직접 가보기도 한다. 사연을 보고, 자신도 같은 장소에서 비슷한 사건을 겪었다며 다른 제보가 들어오는 경우도 있다. 대구 폐안경공장 같은 곳. 그러니까 누구라도 <심야 괴담회>에 나오는 에피소드의 주인공이 될 가능성은 있다. 그렇다면 어떻게 피해야 할까?

제일 좋은 방법은, 하지 말라는 것을 하지 말아야 한다. 금기를 깨면 절대 안 된다.

흉가라고 소문이 난 장소에는 가급적 가지 말아야 한다. 자신의 기가 세다고 생각해도 마찬가지다. 친구들과 담력 싸움을 하느라 가는 것도 안 된다. 그냥 내가 약하다고 말하고, 피하는 게 좋다.

특히 금줄이 둘러진 곳이라면 안 들어가야 한다. 금줄을 끊거나 넘어 들어가면, 그건 다른 영역으로 들어간다는 의미다. 다른 의미로는 결계 안으로 자진해서 들어가는 것이다. 인간보다 귀신, 죽은 자의 힘이 더 강한 곳이기 때문에 들어가지 말라고 줄을 쳐 놓은 것이다. 강령술도 해선 안 된다. 위자 보드, 고쿠리상, 찰리찰리, 뭐라고 부르든 마찬가지다. 죽은 자의 영혼을 부르는 것은 하지 말아야 할 행위다.

강한 운이 있거나, 특별한 힘이 있다면 웬만한 귀신은 물리칠 수 있다. 하지만 악령이나 악마에게도 등급이 있다. 과학적으로 확인할 수는 없지만, 아마도 그럴 것이다. 하지만 더 강한, 아주 사악한 악령을 만난다면 패배한다. 영혼이 먹혀버릴 수 있다. 영화나 만화에 흔히 나오는 이야기다. <주온> 비디오판에서 쿄코는 타츠야에게 경고를 하고, 가끔 안부를 묻는다. 그 집을 사 간 부부의 안전도 걱정한다. 그리고 <주온> 극장판에서, 쿄코는 카야코를 만난다. 쿄코의 기운도 카야코를 누르지 못한다. 카야코의 저주에 쿄코는 처참하게 패배한다. 아무리 강한 힘이라도 더 강한 힘을 만나면 부서져 버린다. 그러니까 하지 말라는 것은 하지 않는 게 좋다.

무엇이든 하지 말라면 대체 귀신이나 영혼을 어떻게 만날 수 있냐고 물을 수도 있다. 그러나 그들을 만나려는 시도는 하지 않는 게 좋다. 인간과 귀신, 산 자와 죽은 자의 영역은 다르다. 애초에 만나지 않는 게 제일 좋다. 산 자는 산 자의 영역에서 최선을 다하고, 죽은 자 역시 그곳에서 최선을 다하면 되는 것이다. 회한이나 원한, 아쉬움 등으로 매달리면 인간과 귀신 모두에게 좋지 않은 결과를 초래한다. 그러니까 무서운 이야기는, 가공의 이야기로만 즐기는 게 제일 좋다. 소설, 영화, 드라마, 만화 등등을 통해서.

부록

호러 캐릭터 열전

1. 카야코, 〈주온〉

카야코는 고등학교 시절 고바야시 슌스케를 짝사랑했다. 하지만 사랑은 이루어지지 않았고, 성인이 된 카야코는 평범한 회사원 사에키와 결혼하여 아들 토시오를 낳는다. 토시오의 초등학교 입학식에서 카야코는 교사인 고바야시를 만난다. 편집증이 심한 카야코는 다시 고바야시를 사랑하게 되고, 자신의 모든 감정을 일기에 적는다. 일기를 훔쳐본 사에키는 질투에 사로잡혀 카야코와 토시오를 죽여버린다. 무지막지한 구타로 온몸의 뼈가 부러진 채 욕실에 방치된 카야코는 원한을 가지고 죽어갔다. 그리고 원혼, 지박령이 된다. 남편에게도 복수하고, 고바야시를 비롯해 집 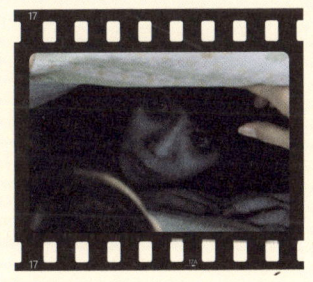 에 들어온 모든 이를 끔찍하게 죽여버린다. 뼈가 부러진 채 죽었기 때문에 삐걱대는 듯한 기이한 움직임으로 바닥을 기어다니는 지박령.

2. 고스트 페이스, 〈스크림〉

 잡화점에서 파는 길쭉한 눈과 입을 가진 마스크를 고스트 페이스라고 한다. 〈스크림〉 시리즈의 살인마들은 고스트 페이스를 쓰고 살인을 저지른다. 영화마다 고스트 페이스를 쓰는

살인마는 달라진다. 살인마의 정체는 주로 주인공의 주변 인물이거나 남자친구, 연인이다.

3. 노먼 베이츠, 〈사이코〉

베이츠 모텔의 주인. 숙박객으로 아름다운 여성이 들어오면 훔쳐보고 죽이는 연쇄 살인마다. 어머니 노마 베이츠는 아들을 끔찍히 아끼면서도 정신적, 육체적으  로 학대하며 지배했다. 자신을 제외한 모든 여성은 창녀이며, 섹스는 죄악이라고 강요한다. 노먼은 어머니를 지극히 사랑하면서도 굴욕과 분노를 느낀다. 절대로 노마의 지배에서 벗어나지 않고, 벗어날 생각도 없다. 노마가 다른 남자를 사랑하게 되어 결혼하려 하자, 노먼은 노마와 약혼자를 모두 살해한다. 그리고 그녀와 함께 살아가기 위해, 자신의 내면에 노마를 되살려 다중 인격이 되어버린다.

4. 데미안 쏜, 〈오멘〉

인간의 종말을 불러오는 적그리스도. 요한 계시록에 나오는 짐승의 숫자 666을 머리에 새기고 태어났다. 어머니는 태어나자마자 죽고, 데미안은 입양된다. 유모들이 연이어 사고를 당하면서, 새로 들어온 베일록 부인이 데미안을 보호하는 역할을 맡는다. 데미안의 주변에서는 초자연적인 사건들이 연이어 벌어진다. 〈오멘〉 3편에서는 성장하여 기업가가 되었고, 주영 미국대사가 된다. 곧 태어날 그리스도를 죽이기 위해 온갖 시도를 하지만 결국 실패한다. 〈오멘:저주의 시작〉에는, 데미안이 태어나기까지의 과정이 그려진다.

5. 드라큘라, 〈드라큘라〉

드라큘라 백작은 트란실바니아 지역에서 수백 년을 살

아온 뱀파이어다. 자신이 살 던 지역을 벗어나 런던으로 가기 위해 변호사인 조나단 하커를 초대했다. 그는 하커를 이용해 자신이 누워 있을 흙이 담긴 관을 옮기고, 은신  할 거처를 구했다. 하커의 약혼녀 미나의 친구인 루시를 유혹하여 뱀파이어로 만들고 다시 미나까지 유혹하지만 숙적인 반 헬싱 박사의 도움을 받는 조나단 하커 등의 반격으로 결국 가슴에 말뚝이 박히고 머리가 잘리면서 죽음을 맞이한다. 검은 망토를 두르고, 여성을 사로잡는 매력을 가진 드라큘라 백작의 이미지는 브램 스토커의 소설에서는 직접적으로 드러나지 않고, 1920년대부터 꾸준히 만들어진 영화 속의 드라큘라 캐릭터에서 시작되었다.

6. 레더 페이스, 〈텍사스 전기톱 대학살〉

사람의 얼굴 가죽을 벗겨 쓰고 다니는 살인마. 미국 남부 시골에 사는 레더 페이스의 가족은 지나가는 여행객을 살해하여 돈과 소지품을 뺏고, 인육을 먹는 식인종이다. 갈고리에 사람을 매달고, 전기톱으로 팔다리를 자르는 모습으로 유명하다. 작품마다 이름과 가족 내에서의 위치도 변하는데, 말을 거의 하지 못하고 행동이 굼뜬 편이다. 약간의 지적 장애가 있는 것으로 추측된다.

7. 마이클 마이어스, 〈할로윈〉

6살 때 친누나 주디스를 살해한 후 정신 병원에 수감되었다가 15년 후 탈출하여 동생 로리를 죽이러 온다. 주변의 수많은 사람을 죽이는 살인마. 주로 사용하는 무기는 셰프 나이프. 정

신 병원에서 마이클을 감정한 샘 루미스 박사는 그가 순수한 악 자체고, 세상에서 말살해야 한다고 주장하며 뒤를 쫓는다. 살인의 이유나 동기, 트라우마 등이 전혀 존재하지 않는 악의 결정체라 할 수 있다.

8. 사다코, 〈링〉

1947년생 초능력자. 염력으로 필름에 이미지나 풍경을 만들어 내는 염사 능력을 지녔다. 같은 능력을 가진 어머니가 세상으로부터 사기꾼으로 비난받다 자살했고, 아버지도 병을 얻었기에 세상에 증오를 갖고 있다. 어른이 된 사다코는 연극배우를 꿈꾸지만 좌절된다. 사다코의 음울한 아우라와 그녀 주변에서 늘 벌어지는 기괴한 사건 때문. 결국 사다코는 아버지에게 살해당하고 우물에 버려진 뒤, 저주의 비디오를 통해 수많은 사람을 죽이는 원혼이 된다.

9. 애나벨, 〈컨저링〉

컨저링 유니버스에 등장하는 악마. 애나벨이라는 7세의 소녀가 살해당하고 그 원혼이 들어가 있다는 18인치 크기의 도자기 인형이다. 아이의 영혼이 아니라 소녀를 사칭한 악마가 들어갔다고도 한다.

10. 제이슨 부히스, 〈13일의 금요일〉

기형아로 태어나 친구들에게 놀림을 받았고, 친구들의 장난으로 크리스탈 호수에 빠져 익사한다. 호수는 캠프 매니저들이 관리하는 곳이었지만, 당시 그들이 섹스를 하는

바람에 아무도 제이슨의 죽음을 제지할 수 없었다. 분노한 제이슨의 엄마가 재개장한 크리스탈 캠프의 매니저들을 죽이면서 1편의 이야기가 시작된다. 2편에서는 제이슨이 나타나 엄마의 살인 행적을 이어간다. 4편까지 그는 엄청난 힘을 가진 인간으로 보이지만, 죽음에서 부활한 5편부터는 초자연적인 괴물로 변한다. 무기는 임기응변으로 정글도와 도끼, 화살 등 다양하게 사용한다.

11. 직쏘, 〈쏘우〉

말기 암 환자인 존 크레이머는 신약으로 암을 치료할 수 있다는 말을 듣고 멕시코로 향한다. 하지만 모든 것은 사기였고, 분노한 그는 사기꾼 일당을 찾아내 '트랩'을 만들어 복수한다. 쏘우 시리즈에 등장하는 트랩은, 희생자가 끔찍한 고통을 받으면서 신체 일부를 희생

하거나 누군가를 죽이지 않으면 죽음을 맞는 기계 장치들이다. 존 크레이머는 '직쏘'라는 이름으로 범죄자들이나, 삶의 가치를 느끼지 못하는 자, 인생을 낭비하는 자 등을 납치하여 트랩에 가둔 후 게임을 시작한다. 극히 지능적인 자경단이라고 할 수 있다. 말기 암 환자라 그의 사후에는 세 자들이 신념을 이어간다.

12. 처키, 〈사탄의 인형〉

흉악한 범죄자 찰스 리 레이는 경찰에게 추격당하다가 총을 맞고 과다 출혈로 죽어간다. 장난감 가게로 들어간 찰스는 부두교 주문을 외워 '착한 아이' 인형에 자신의 영혼을 옮긴다. '처키'라는 이름은 그의 아내인 티파니 발렌타인이 첫 만남에 붙여준 별명으로, 본명보다 자주 불리는 이름이다. 엄청난 다혈질에 욕쟁이고,

말이 아주 많다. 인형의 몸을 가지고 온갖 끔찍한 말과 행동을 하기 때문에 블랙 코미디 느낌도 주며, 4편 이후로는 코믹한 장면이 많다.

13. 캔디맨, 〈캔디맨〉

거울을 보고 '캔디맨'을 5번 부르면, 한쪽 팔에 갈고리 의수를 단 캔디맨이 나타난다는 도시 전설이 있다. 본명은 다니엘 로비테일이고, 19세기 말 흑인 화가였다. 백인 지주로부터 자신의 딸을 그려달라는 부탁을 받고 작업을 하다가 그녀와 사랑에 빠진다. 그것을 안 백인 지주는 다니엘의 팔을 잘랐고, 몸에 꿀을 묻힌 후 벌에 쏘여 죽게 했다.

14. 크리퍼, 〈지퍼스 크리퍼스〉

23년마다 미국 남부 지역에 나타나 23일 동안 사람들을 잡아먹는 괴물. 사람의 신체를 먹으면, 그 부위만큼 몸이 재생된다. 어디에서 왔는지, 어떤 존재인지 전혀 밝혀져 있지 않다.

15. 페니와이즈, 〈그것〉

초자연적인 힘을 지닌 광대. 늑대 인간, 흡혈귀 등으로 모습을 자유자재로 바꿀 수 있는 외계의 존재다. 긴 시간 동안 메인 주 데리시에 27년마다 나타나 사람들을 해치는데, 빌의 동생

조지도 납치당해 살해되었다. 진짜 정체는 '죽음의 빛'이라 불리는, 우주 저편에서 온 악의 존재. 우주가 창조되기 이전부터 존재했고, 코스믹 호러의 파괴 신이라고 할 수 있다. 원작 소설인 스티븐 킹의 『그것』은 배경이 1958년이기에, 1940년대에서 1960년대까지 유행했던 '보조 더 클라운'이나 맥도널드의 광대 캐릭터와 흡사한 모습의 페니와이즈가 등장한다.

16. 프랑켄슈타인의 괴물, 〈프랑켄슈타인〉

흔히 프랑켄슈타인이라고 불리지만, 프랑켄슈타인 박사가 창조한 괴물이고 이름은 없다. 공동묘지에서 가져온 시체를 이리저리 엮어 몸을 만들었고, 전기와 화학 작용으로 생명을 불어넣었다.  태어날 때는 어린 아이 정도의 지능이지만, 학습을 통해 평균적인 인간과 같은 수준으로 올라갔다. 힘은 인간과 비교할 수 없게 강하고, 치유력도 뛰어나다. 프랑켄슈타인 박사가 창조물인 자신을 버리고 증오한다고 생각하여 인간을 미워하기도 하지만 근본은 선하고 열정적이다.

17. 프레디 크루거, 〈나이트메어〉

많은 아이들을 납치하여 죽인 살인마. 분노한 부모들로 인해 정체가 드러나고, 보일러실의 불길에 산 채로 태워져 죽었다. 악령이 되어 사람들의 꿈속에 나타나고,

꿈속에서 살인을 저지르면 살해당한 사람은 현실에서도 그대로 죽어버린다. 사람들이 프레디를 두려워하는 만큼 그 공포를 먹고 강해진다. 불에 타 죽었기 때문에 얼굴과 몸에 화상 자국이 가득하고, 팔에는 날카로운 칼날 장갑을 끼고 있다. 빨강과 짙은 초록 줄무늬 티셔츠에 페도라 모

자를 쓴 프레디는 첫눈에도 인상적이고, 유머 감각도 있는 캐릭터의 성격과 잘 어울린다.

18. 핀헤드, 〈헬레이저〉

〈헬레이저〉 시리즈에 등장하는 죽음의 수도사Cenobites. 악마의 상자를 열면, 죽음의 수도사가 나타난다. 갈고리가 달린 사슬이 나타나 온몸을 꿰어 공중에 매달고, 극한의 고통을 선사한다. 악이라기보다는 선과 악을 초월하여 고통에 매진하는 존재. 보통 5명의 수도사가 나타나는데, 그 중 우두머리가 핀헤드다. 얼굴과 머리 전체에 대못이 박혀 있다. 핀헤드는 원래 1차 세계 대전에 참전했던 영국군 장교, 엘리엇 스펜서였다. 그는 삶의 쾌락과 고통의 경계를 추구하다가 상자를 열었고, 이후 죽음의 수도사가 되었다.

19. 한니발 렉터, 〈양들의 침묵〉

1933년, 리투아니아의 백작 가문에서 태어났다. 2차 세계 대전 당시 부모와 여동생을 잃는 과정에서 트라우마가 생겼고, 인간이라는 존재와 고통, 죽음에 대해 파고  들기 시작했다. 이후 숙부에게 맡겨져 의사로 성장했다. 해부학, 외과, 정신 의학 등에 탁월한 재능을 보이며 기억력은 천재적이다. 사람을 죽이고 인육을 먹는데, 살인이 단순한 욕망이 아니라 일종의 예술적 활동이라고 생각한다. 쾌락형 살인자는 아니다. 사람을 죽이고 먹는 등의 행위를 통해서 계속 배우고 깨닫는다는 점에서 지식 추구형 살인자라고 해야 할 듯하다.

Epilogue
언제나 밤은 내려온다

오래전 SF 장르의 전문가인 지인이 나에게 물었다. SF, 범죄와 미스터리, 판타지, 호러 등 모든 장르를 다 좋아하는 것 같은데, 그중에서 제일 좋아하는 장르가 뭐냐고.

한참을 생각하다가, 하나를 고를 수 없다고 했다. 장르마다 최애 작품이 있고, 어떤 장르건 잘 만든 작품을 보는 재미가 있다. 하나만 고르는 것은 도저히 불가능하다. 그렇게 말하고는, 덧붙였다. 아마도 내가 좋아하는 것은, '어둠'인 듯하다고. 세계의 이면, 어둠이라고 할까.

어릴 때부터 눈에 보이지 않는 것, 수수께끼로 가득한 이야기를 좋아했다. 아동 잡지 《소년중앙》, 《새소년》, 《어깨동무》를 보면 만화보다 불가사의한 일이나 괴담에 관한 기사가 좋았다. 어른이 되어서도 콜린 윌슨의 『세계불가사의백과』와 『초능력 백과』, 그레이엄 핸콕의 『신의 지문』 등을 재미있게 읽었다. 과학이나 이성으로 설명하기 어려운 초자연적인 사건들이 언제나 흥미롭다.

우리가 살고 있는 세계가 부조리하다고 믿기 때문일 수 있다. 전혀 합리적이지 않고, 인간의 범주를 넘어선 것 같은 일들이 자주 벌어지는 세상의 이면에 초자연적인 무엇이 존재한다면 그럴듯하지 않을까. 〈X파일〉 속 '진실은 저 너머에 있다'는 경구처럼. 역사에서 정부나 지배 계급이 민중을 속이고 오도한 경우는 무수하다. 지동설을 주장한 갈릴레이가 박해받은 것처럼 과학적으로 증명된 사실이 이단이라고 비난받은 적도 많다. 진실이란, 아무도 정확하게는 모른다.

무엇보다 초자연적인 사건은 재미있다. 모든 것이 예측 가능하고, 진위와 과정이 자세하게 밝혀져 있다면 한없이 지루하다. 모든 것을 안다고 생각하는 사람은 얼마나 오만한가. 나는, 인간은 유한하고 낮은 존재이기에 미지의 것들에 끌린다고 생각한다. 내가 알지 못하는 것들, 내가 이해할 수 없는 것들에 끌린다.

어느 여름날, 강원도의 미시령 근방으로 여행을 갔다. 떠날 때부터 비가 오락가락했고, 하늘은 시커먼 먹구름으로 가득찼다. 차도 인적도 드문 고갯길에 접어들자 짙은 안개가 자욱해졌다. 앞에 가는 차의 비상등이 번쩍거리는가 싶더니, 곧 안개 말고는 무엇도 보이지 않았다. 안개등을 켜고도 겨우 차 앞에 놓인 도로만 볼 수 있는 정도였다. 안개 속에 완전히 갇혀버린 느낌, 가도 가도 끝나지 않는 미로를 헤매는 느낌이었다. 고개를 돌려 보아도 길가에 면한 나무만 보였다. 자욱한 안개를 벗어나면 캐슬 록이 나오는 것은 아닐까. 순간 떠오른 영화가 스티븐 킹의 소설을 각색한 존 카펜터의 〈매드니스 In the Mouth of Madness〉(1995)다.

〈매드니스〉의 한 장면. 안개가 자욱한 길을 차로 달리고 있으면, 앞에서 열심히 페달을 밟으며 자전거를 타는 남자가 보인다. 멀리 자전거가 뒤처지고, 다시 한참을 달리면 같은 자전거가 또 나타난다. 현실일까, 꿈일까? 꿈과 현실이 서로 침투하는 것일까? 그렇게 한참 달리다 보면, 스티븐 킹의 소설에 자주 나오는 '캐슬 록'에 도착한다. 유년의 공포와 소도시의 악몽이 고스란히 잠들어 있는, 스티븐 킹의 근원 혹은 고향 같은 장소. 스티븐 킹의 소설 속 장소인 동시에 우리가 살고 있는 어디에나 출몰하는 악령과 괴물들의 발원지.

스티븐 킹을 떠오르게 하는 작가 서터 케인이 자신의 마지막 소설이라며 『매드니스 In the Mouth of Madness』의 원고를 남겨놓고 사라진다. 출판사에서는 탐정 트렌트를 고용하여 케인의 행방을 찾는다. 머리를 식히려고 잠시 모습을 감추었다고 생각했지만, 트렌트는 케인의 소설 여기저기에서 심상치 않은 단서를 발견한다. 트렌트는 케인을 찾아 그의 소설에 자주 등장하는 마을 '홉스의 끝'으로 향하는데, 소설이 출간된 날부터 끔찍한 사건들이 벌어진다. 소설 속 사건들이 그대로 일어나면서 현실의 완강한 틀이 무너지기 시작한다.

〈매드니스〉에서 다루는 이야기는 익숙하다. 꿈과 현실 혹은 현실과 가상 현실의 경계와 침범을 다루는 영화나 소설은 차고 넘친다. 현실의 허약함과 모호함은 누구나 알고 있다. 하지만 그러한 인식의 공유와는 별개로 현실은 더욱 완강하고 위악적으로 변해간다. 개인의 영역에서 마약이나 명상 혹은 금단의 지식으로 현실을 초월하는 것은 가능하지만 집단의 영역에서 인간의 초월은 도저히 꿈꾸기 어렵다. 인간은 악행을 거듭하고, 반성하지 않는다. 변화도, 개혁도, 혁명도 모두 지나간 허상이 아닐까? 모두 꿈이었던 것일까? 아니면 지금 우리가 살아가는 현실이 지독한 꿈일까?

공포 영화와 소설을 보는 것은, 악몽을 만나고 싶어서다. 현실에서 우리가 외면하던 괴물을 만나려는 것이다. 분명히 무언가 내 살을 베고, 심장을 파헤치고 있음에도 불구하고, 그런 사실조차 깨닫지 못한 채 살아가는 나를 만나고 싶기 때문이다. 가끔은 생각한다. 연쇄 살인마나 괴물 정도가 아니라 H.P. 러브크래프트나 스티븐 킹의 상상력으로 창조된, 세계를 멸망시켜 버릴 정도의 사악한 이형체異形体를 만나고 싶다고. 한 치 앞도 제대로 보이지 않는 안개를 헤치고 나가면 캐슬 록이 있고, 그 너머에는 '시체들의 땅'이 있지 않을까. 아마도 그곳에서는 모든 게 파괴될 것이다. 언젠가, 무엇인가를 창조하기 위해서.

우리가 무서운 이야기를 보는 이유는 단지 공포를 느끼기 위해서만은 아니다. 비이성과 광기 혹은 초자연적인 것들에 빠져드는 이유는 세상의 질서를 근본부터 의심하기 때문이다. 이성과 합리주의만으로는 세계를 받아들일 수 없기에, 상식과 질서가 지배하는 사회 곳곳에 도사린 광기와 폭력의 기운을 느끼기 때문에, 부재하는 무언가를 찾아내 모든 것을 뒤엎어 보려는 것이다. 상식과 규범을 뒤집어 보고, 은폐된 것을 드러낸다. 세계를 붕괴시키고, 자기 파멸을 직시한다. 공포물에서 귀신이나 괴물을 두려워하는 캐릭터는, 내면의 두려움이나 불안이 강한 자들이다. 외부의 괴물을 통해 내면의 자아와 세계를 두려운 눈으로 응시한다.

거창하게 생각하지 않아도 좋다. 공포에 매혹되는 이유는, 일상이 아니기 때문이다. 마찬가지로 현실이 아니기 때문이다. 지루하고 나태한 일상과는 다른, 짜릿한 무엇을 만나고 싶어 나는 공포의 세계로 들어간다.

〈헬레이저Hellraiser〉(1987)는 고통의 즐거움을 알려준다. 고통의 신도가 되라고 권유한다. 고통을 견뎌냈을 때, 당신은 새로운 깨달음에 도달할 것이라고 유혹한다. 고행하는 인도의 수행승도 떠오른다. 그들은 모두 초월을 원한다. 남루한 세계를 살아가는 인간이, 자신의 내면에서 빛을 찾지 않는 한 어딘가에서 쾌락과 각성을 찾기 마련이다. 공포 영화와 소설은 쾌락과 각성을 짜릿하게 대리 만족할 수 있는 중요한 수단이다. 자신의 살이 뜯겨나가고 흘러나온 피가 웅덩이를 이룰 때 비로소 느끼는 깨달음을, 잠깐 시간을 할애해서 안전하게 대리 체험하는 것이다.

그러니까 즐기면 된다. 깊이 생각하지 않고, 오로지 감각으로만 '공포'의 순간을 느껴본다. 공포란 짜릿한 체험이고, 하나의 경험이다.

호러의 모든 것

초판 1쇄 2025년 9월 30일

지은이 김봉석

발행인 유철상
기획·책임편집 김정민
편집 성도연
디자인 주인지, 노세희
마케팅 조종삼

펴낸곳 상상출판
출판등록 2009년 9월 22일(제305-2010-02호)
주소 서울특별시 동대문구 왕산로28길 37, 2층(용두동)
전화 02-963-9891(편집), 070-8854-9915(마케팅)
팩스 02-963-9892
전자우편 sangsang9892@gmail.com
홈페이지 www.esangsang.co.kr
블로그 blog.naver.com/sangsang_pub
인쇄 다라니
종이 ㈜월드페이퍼

ISBN 979-11-6782-224-6 (03810)
ⓒ 2025 김봉석

※ 가격은 뒤표지에 있습니다.
※ 이 책은 상상출판이 저작권자와의 계약에 따라 발행한 것이므로
본사의 서면 허락 없이는 어떠한 형태나 수단으로도 이용하지 못합니다.
※ 잘못된 책은 구입하신 곳에서 바꿔 드립니다.